MEDITAÇÕES INSPIRADAS NA TORÁ, A ESCRITURA QUE JESUS LIA, ESTUDAVA E VIVIA

EVAN MOFFIC

SHALOM
PARA O CORAÇÃO

© 2016 por Evan Moffic
Título original: *Shalom for the Heart: Torah-Inspired Devotions for a Sacred Life*, publicado por Abingdon Press, um selo editorial da The United Methodist Publishing House (Nashville, Tennessee, EUA).

1ª edição: maio de 2022

TRADUÇÃO
Ana Paula Argentino

REVISÃO
Francine Torres (copidesque)
Nilda Nunes (provas)

DIAGRAMAÇÃO
Sonia Peticov

CAPA
Julio Carvalho

EDITOR
Aldo Menezes

COORDENADOR DE PRODUÇÃO
Mauro Terrengui

IMPRESSÃO E ACABAMENTO
Imprensa da Fé

As opiniões, as interpretações e os conceitos emitidos nesta obra são de responsabilidade do autor e não refletem necessariamente o ponto de vista da Hagnos.

Todos os direitos desta edição reservados à
EDITORA HAGNOS LTDA.
Av. Jacinto Júlio, 27
04815-160 — São Paulo, SP
Tel.: (11) 5668-5668
E-mail: hagnos@hagnos.com.br
Home page: www.hagnos.com.br

Dados Internacionais de Catalogação na Publicação (CIP)
Angélica Ilacqua CRB-8/7057

Moffic, Evan

Shalom para o coração: meditações inspiradas na Torá, a Escritura que Jesus lia, estudava e vivia / Evan Moffic; tradução de Ana Paula Argentino. – São Paulo: Hagnos, 2022.

ISBN 978-85-7742-343-9
Título original: Shalom For The Heart

1. Cristianismo e outras religiões – Judaísmo I. Título II. Argentino, Ana Paula

22-1620   CDD 261.26

Índices para catálogo sistemático:
1. Cristianismo e outras religiões – Judaísmo

SUMÁRIO

Prefácio à edição brasileira 7
Prefácio à edição americana 11
Introdução 15
1. No princípio 19
2. A voz 21
3. Um dia do céu 23
4. Bom o suficiente 25
5. Espírito *versus* carne 27
6. O primeiro passo 29
7. A zona de conforto 31
8. O controle 33
9. Os doadores e os tomadores 35
10. Hospitalidade: a diferença entre a vida e a morte 37
11. O que os anjos não podem fazer 40
12. Quando o certo é estar errado 42
13. Acelerar as coisas 45
14. Uma canção especial 47
15. Manter a calma 49

16. Como escolher uma esposa ... 51
17. O pranto de Esaú ... 53
18. Ouvir é crer ... 55
19. Seguindo os passos dos nossos pais ... 57
20. Pegando energia emprestada ... 60
21. Onde está Deus? ... 62
22. Os lembretes ... 64
23. Uma lição não aprendida ... 66
24. Sozinho ... 68
25. Escolhas difíceis ... 70
26. Encontrando a linha tênue entre a verdade e a ficção . 72
27. Trens diferentes ... 75
28. Camuflado ... 78
29. Visões ... 80
30. Distribuir ... 83
31. Uma explicação espiritual às crianças do pós-guerra .. 85
32. O que a Bíblia ensina ... 88
33. Como nos desenvolvemos ... 90
34. O primeiro ato de perdão ... 92
35. Jovem há muito tempo ... 94
36. Os irmãos que se relacionavam bem ... 96
37. Mentiras inofensivas ... 98
38. Quem sou eu? ... 100
39. Terra Santa ... 102
40. Como esquecemos rápido ... 104
41. Deus ainda está falando ... 106
42. O que Peter fez? ... 108
43. Meus pés estavam orando ... 111
44. Um coração de trevas ... 113
45. O modo como lembramos ... 116
46. Dizendo sim quando queremos dizer não ... 118

47. Confiando em Deus 121
48. O que Deus pede a nós 123
49. Sentindo uma nova força 126
50. As apresentações 128
51. A fileira de trás 130
52. A sabedoria que vem de lugares inusitados 132
53. Deus está nos detalhes 134
54. A Bíblia permite ter escravos? 136
55. Ajudando nossos inimigos 138
56. Os talentos constroem uma comunidade 140
57. As pessoas que nos elevam 142
58. O segredo da riqueza 144
59. É preciso ser necessário 146
60. Um só coração 148
61. O que nossas roupas dizem sobre nós 150
62. Aceitando o nosso quebrantamento 152
63. O jogo da culpa 154
64. Registre por escrito 156
65. Mentalidade de grupo 158
66. Perguntas vãs 160
67. Uma palavra 162
68. Comemore os bons tempos 164
69. Trabalho santo 167
70. Dê-me os detalhes 169

Prefácio à edição brasileira

Antes de começar a leitura deste livro, os leitores devem se lembrar de que o autor é um rabino do judaísmo. Ainda que seja da vertente reformista do judaísmo, ele é um judeu que expressa perspectivas judaicas a respeito do mundo e da própria fé que professa. O rabino Moffic tenta conciliar o máximo que pode sua tradição judaica com a de seus leitores cristãos, com quem dialoga costumeiramente (ele é bem recebido em certos círculos do cristianismo, como a prestigiada revista cristã americana *Christianity Today*). Apesar dos seus esforços, ele nem sempre logra o êxito pretendido, dadas as particularidades de cada religião, que às vezes são inconciliáveis, e ter isso em mente é fundamental. Um exemplo disso é a primeira meditação — "No princípio" —, na qual o rabino Moffic associa o "poder" ou a "energia" de Deus ao "espírito de Deus", grafado com letras minúsculas no original em inglês, cuja tradução ficaria desta forma:

> Quando Deus falou e o mundo veio à existência, um poder entrou em ação na criação. A Torá chama esse poder de *Ruach Elohim*, o **espírito** de Deus.

No entanto, optamos por manter "Espírito de Deus" em letras maiúsculas dentro de colchetes, pois grafar "espírito de Deus", uma referência ao Espírito Santo com letras minúsculas, é visto como inadequado nos círculos cristãos tradicionais. O uso dos colchetes resolve essa questão, pois os colchetes aqui indicam termos modificados em relação ao original para o ajustar o conteúdo ao público evangélico brasileiro. Veja como ficou:

> Quando Deus falou e o mundo veio à existência, um poder entrou em ação na criação. A Torá chama esse poder de *Ruach Elohim*, o **[Espírito]** de Deus.

Na condição de judeu, o rabino Moffic não acredita na doutrina da Trindade, e não vê o Espírito Santo como uma das pessoas da Trindade, mas como a "energia", o "poder" Deus. Para o cristianismo, em Deus há três Pessoas: o Pai, o Filho e o Espírito. Assim, na teologia cristã, o Espírito Santo não é uma força, uma energia, mas o próprio Deus, a terceira Pessoa da Trindade, por isso o uso sempre em letra maiúscula em nosso idioma. Essa explicação é suficiente para colocar as coisas no seu devido lugar, respeitando-se ao mesmo tempo a visão do autor, que deve ser mantida, com a sensibilidade do leitor que recebe o texto em seu próprio idioma, fundamentada em conceitos previamente estabelecidos pela própria fé cristã.

Aqui, um bom princípio do apóstolo Paulo será muito bem-vindo: "Ponham à prova todas as coisas e fiquem com o que é bom" (1 Tessalonicenses 5:21). Leia este livro com esse princípio norteador. Sabemos que esse mesmo princípio também deve ser aplicado a livros escritos até mesmo por cristãos. Afinal, nem todos correspondem cem por cento às nossas expectativas teológicas ou denominacionais, não é mesmo? Vale a pena também a leitura da meditação 52, "A sabedoria que vem de lugares inusitados", que se harmoniza muito bem com as palavras do apóstolo Paulo aos tessalonicenses.

Apesar dessas poucas ressalvas, o livro do rabino Moffic tem um sabor peculiar. Ele deve ser degustado como se saboreia um peixe bem-preparado e suculento: aproveite o que tem de bom e saiba separar as espinhas e deixá-las no canto. Mas não perca o prazer de se deliciar com um prato que enleva a alma e nos aproxima mais da vontade de Deus para a nossa vida.

Outro ponto que vale a pena destacar é o fato de este livro também trazer seções com transliterações de nomes em hebraico — *Bereshit, Toledot, Shemot, Pekudei* etc. —, e nem todos os leitores no Brasil têm tanta familiaridade assim com essas designações. Por isso, decidimos apresentar aqui uma breve explicação sobre esses nomes, e não criar notas de rodapé intermináveis à medida que os termos aparecessem.

Este livro traz meditações baseadas na Torá, e os sábios judeus dividiram-na em 54 seções, chamadas individualmente de "parashá" pelos sefarditas[1] e "sidra" pelos asquenazes.[2] O nome de cada *parashá/sidra* é a primeira palavra ou expressão relevante que aparece na respectiva porção bíblica em hebraico. Assim, a primeira seção, *Bereshit*, "No princípio", designa a

---

[1]Judeus cuja ascendência remonta às comunidades judaicas ibéricas (Espanha e Portugal) estabelecidas na IdadeMédia e dispersas por várias regiões (Europa ocidental, norte da África, Turquia, Bálcãs, Américas). Fonte: *Dicionário Houaiss* (on-line).
[2]Diz-se de ou membro de uma das duas grandes divisões do povo judaico, que remonta às primeiras [...] comunidades judaicas do Noroeste europeu (Alemanha e Norte da França) e inclui os judeus de comunidades originárias da Europa central e oriental. Fonte: *Dicionário Houaiss* (on-line).

porção de Gênesis 1:1 a 6:8, e assim sucessivamente.³ O rabino Moffic seguiu a sequência de Gênesis a Êxodo, e ele medita aqui em 23 das 54 seções.
Atentos a esses detalhes, tenham uma excelente leitura.

Aldo Menezes
Editor

---

³Para quem quiser se aprofundar, sugerimos a leitura do artigo "Parashah" (em inglês) da *Jewish Enciclopedia*, disponível em: <https://jewishencyclopedia.com/articles/11904-parashah>. Acesso em 30 de março de 2022.

Prefácio à edição americana

Cresci como filha de pastor em uma igreja não denominacional fora de Chicago — uma igreja que começou em um cinema, o que não é particularmente tradicional em termos de estilo e prática. Quando frequentei uma faculdade cristã no sul da Califórnia, foquei (por motivos que nem sequer consigo lembrar agora) no estudo de literatura do judaísmo, na poesia e filosofia judaica, e especialmente na literatura do Holocausto e ficção judaica moderna. Outra maneira de contar minha história é: esta garota cristã do centro-oeste viu-se sentada na escrivaninha de uma biblioteca, olhando para o oceano Pacífico e, naquele lugar, ela encontrou sua fé e sua alma despertada por Noah benShea, Chaim Potok, Aharon Appelfeld, Cynthia Ozick, Saul Bellow, Philip Roth, Heschel, entre outros.

Agora, avance uma década: vi-me como parte de uma igreja em Grand Rapids, Michigan, que acredita que as raízes judaicas da nossa fé cristã eram essenciais e que mereciam estudo e atenção. Muitas pessoas em nossa congregação estudavam hebraico e fazíamos piadas que, se você olhasse nos crachás das crianças da nossa Escola Dominical, poderia pensar que viajou de volta para o Antigo Testamento. Por décadas, os cristãos têm batizado seus filhos de Maria, José e João. Essa creche, porém, estava cheia de Ester, Miriã e Noemi, Aser e Shalom.

Tudo isso confirma o fato de que sou uma cristã que ama o judaísmo, que aprende com ele, que se conecta profundamente com ele e que tem tido sua própria fé e prática aprofundada e desafiada pela fé e tradição judaica. Sou muito grata aos docentes, professores, pastores e rabinos que me apresentaram a essa tradição de fé maravilhosa.

Sou muito grata ao rabino Moffic por ter visitado nossa comunidade para nos ensinar sobre o Sabbath — algo que os cristãos têm considerado, em grande parte, como uma prática opcional; algo que a comunidade judaica tem muito a nos ensinar. Quando o rabino Moffic convidou nossa comunidade para um culto do Shabbat, a receptividade de sua congregação era visível, e ficamos gratos pela boa recepção.

Quem dera que todo cristão que conheço pudesse assentar-se a uma mesa em um restaurante indiano com o rabino Moffic e sua esposa, Ari — que também é uma rabina. Meu marido Aaron e eu temos valorizado o tempo que passamos à mesa com eles, pois são sábios, simpáticos, divertidos, e a profundidade e riqueza da fé deles fluem de cada diálogo. Mas, uma vez que esse tipo de encontro seria um peso enorme para os rabinos, então o próximo melhor programa é ler este livro. Muitos cristãos — certamente incluindo a mim — têm muito a aprender com a tradição judaica e o estudo da Torá sobre o respeito do judaísmo pela Lei, seu valor no ritual e a ligação dentro da comunidade deles. Minha fé tem sido enriquecida de forma tremenda pelo meu estudo da filosofia, poesia e ficção judaica, e mais ainda pelas minhas amizades com os acadêmicos e teólogos judaicos, incluindo a família Moffic.

Este livro é um presente para cada cristão, pois nos apresenta a uma bela história compartilhada que pode aprofundar e enriquecer nosso entendimento e nossa fé.

SHAUNA NIEQUIST é filha do pastor Bill Hybels (fundador da Willow Creek Community Church), autora best-seller do *The New York Times* e palestrante.

Introdução

Em uma noite de sexta-feira, algumas pessoas que iriam receber o sacramento da confirmação em uma igreja metodista vizinha foram visitar a minha sinagoga. Começamos o culto de forma tradicional, com algumas orações em hebraico e alguns louvores. Enquanto olhava com nervosismo, aqueles confirmandos pareciam entediados e desinteressados. Francamente, alguns dos meus próprios alunos da sinagoga pareciam sentir o mesmo. Então, aproximei-me da arca — o local mais santo do santuário judaico, onde guardamos os rolos de pergaminho com as palavras em hebraico da Torá (os cinco livros de Moisés) escritas neles —, ergui um dos pergaminhos e os retirei. Depois, pedi para alguns alunos me ajudarem a desenrolá-lo.

Enquanto desenrolávamos o pergaminho, os alunos lentamente formaram um círculo, cada um segurando parte do documento. Seus olhos começaram a brilhar. Eles começaram a examinar o pergaminho. Apontavam para parágrafos do texto hebraico, perguntavam, viravam-se uns para os outros e ficavam surpresos. As perguntas jorravam. Quem escreveu a Torá? Como você consegue ler essas palavras? Alguém já leu a

Torá inteira? Por que tem um espaço enorme aqui? Onde estão os Dez Mandamentos? A Palavra de Deus tinha se tornado viva para aqueles alunos. Um texto antigo desencadeou perguntas, interesse e entusiasmo. Um rolo antigo parecia surpreendentemente relevante. É aqui que começa este livro.

POR QUE A TORÁ É RELEVANTE?

Por milênios, os judeus têm chamado a Torá de a Árvore da Vida. Para os judeus, é Deus encarnado em palavras, por meio das quais reunimos nossa crença, nossa prática, nossa história, nosso valor. Gastamos nossa vida escalando essa árvore, trazendo-nos para mais perto de Deus e enraizando-nos firmemente no solo dos nossos ancestrais. Entretanto, para os cristãos, a Torá tem sido, em grande parte, desconhecida ou ignorada. Até mesmo a palavra *Torá* tem sido substituída por "Antigo Testamento", ou "Bíblia Judaica", ou "Escrituras Hebraicas". Nenhuma dessas descrições estão incorretas, mas Jesus viveu e estudou a Torá. Ele a aceitou como sendo a Árvore da Vida.

Como todos os judeus dessa época a aceitaram, a Torá guiou as práticas diárias de Jesus e moldou suas histórias e seus ensinamentos. Jesus citou a Torá ao longo dos Evangelhos e Paulo estudou-a e citou-a com frequência ao longo de suas cartas. Quando Jesus disse: "Não pensem que vim abolir a Lei ou os Profetas; não vim abolir, mas cumprir", Ele não estava rejeitando a Torá; Ele estava demonstrando sua importância. As palavras *Lei* e *Torá* são as mesmas em grego coiné. Cumprir a Torá não é rejeitá-la, é vivê-la e fazer dela uma fonte de verdade e direção.

Vivemos uma era de mudanças rápidas. Os websites de genealogia fazem-nos lembrar de que nos conhecemos melhor — isto é, encontramos uma estabilidade maior em um mundo de mudanças rápidas — quando temos um entendimento mais firme de nossas raízes. O cristianismo está enraizado no judaísmo, e este está enraizado na Torá. Descobrir nossas raízes é compreender melhor a nós mesmos e o motivo pelo qual Deus colocou-nos aqui.

A Torá não é somente para os judeus. Os primeiros sábios judeus disseram que Deus escreveu a Torá em setenta idiomas. A Torá fala conosco no idioma da nossa própria fé e das nossas tradições. Quanto mais idiomas pudermos usar para recitá-la, mais podemos cumpri-la.

POR QUE UM RABINO ESCREVEU ESTE LIVRO?

Um rabino pode ensinar os cristãos sobre a Torá nos dias de hoje? Se minha experiência com os confirmandos é uma evidência, a resposta é um "sim" incontestável. A Torá não é somente para os judeus, e o livro de Deus faz sua palavra ser acessível e profunda para os cristãos atuais. Escolhi ensinar a Torá através de um livro devocional porque essas palavras são para o coração. Sempre que abro um livro e estudo a Torá, sinto a presença de Deus — o que alguns chamam de Espírito Santo — habitando diante de mim. Anseio por compartilhar essa presença e tenho visto o modo como ela pode falar com as pessoas de vários tipos de fé.

Em 2011, passei um ano estudando a Torá com um ministro cristão, e ele enriqueceu sua pregação e seu entendimento das parábolas de Jesus. Mais tarde, um aluno cristão, depois de ter estudado a Torá, descreveu-me que visitou a Terra Santa com uma nova visão e ferramentas para o entendimento do que a Terra Prometida significava para Jesus e para os discípulos. A Torá não é algo que Jesus transcendeu; é a herança que preenche seu ensinamento e pode moldar a vida de todos nós atualmente.

Testemunhei essa verdade durante as palestras que ministrei em dezenas de igrejas, desde a evangélica Batista do Sul até a liberal Igreja Unida de Cristo. Constantemente, alguns perguntam o que os judeus creem sobre Jesus. Escrevi um livro inteiro abordando essa dúvida, mas este livro oferece uma outra perspectiva.

No judaísmo, a Torá é o próprio Deus que desceu até a Terra. *A Torá é Deus revelado através das palavras. Estudamos as palavras da Torá a fim de adaptar nossa vida à vontade de Deus.* Então, ao estudar a Torá, não vamos somente saber o que é o mundo intelectual e espiritual de Jesus no primeiro século e compilar as revelações e as verdades do nosso relacionamento profundo com Ele, mas vamos também encontrar novas lentes para ver a presença de Deus em nossa vida.

COMO ESTE LIVRO ESTÁ ORGANIZADO

Dois mil anos atrás, um grupo de rabinos dividiu os cinco livros de Moisés em 54 seções, que são conhecidas como as "Partes da Torá". O cronograma das Partes da Torá é a liturgia judaica. Ela difere da liturgia cristã porque suas leituras vêm apenas dos Cinco Livros de Moisés. A cada Sabbath [o dia de descanso], a parte semanal da Torá é lida em voz alta em um rolo. Então, o rabino prega o sermão baseado nos versículos lidos. O princípio norteador é que os versículos da Torá contêm verdades atemporais que podemos aplicar em nossa vida hoje. Este livro consiste em devocionais para cada Parte da Torá nos primeiros dois livros de Moisés (Gênesis e Êxodo). Escolhi versículos curtos de cada Parte da Torá e busquei escolher aqueles que podem não ser tão conhecidos. Cada versículo é um trampolim para um devocional e uma verdade que podemos trazer para a nossa vida.

1

Bereshit (GÊNESIS 1:1—6:8)

No princípio

No princípio Deus criou os céus e a terra.

(Gênesis 1:1)

Sou um maratonista. Corro vários quilômetros por dia, e na maioria deles, a parte mais difícil da corrida — quando meus pés se arrastam e minha mente diz que eu devia estar na cama — é o começo: o primeiro ou segundo quilômetro. É quando estou sentindo mais resistência. É quando desejo desistir.

Entretanto, um pouco mais tarde, começa uma sensação de vazão. Os passos começam a ficar mais naturais. Minha mente começa a divagar e desfruto da paisagem. A respiração ocorre de forma regular e fácil.

Diante de tudo isso, essa disposição parece absurda. A energia não devia ser mais alta no começo e diminuir à medida que a corrida prossegue? O que está acontecendo?

A ENERGIA DO FÔLEGO

O ato de começar gerou sua própria energia. Quando Deus falou e o mundo veio à existência, um poder entrou em ação na criação. A Torá chama esse poder de *Ruach Elohim*, o [Espírito] de Deus. Esse [Espírito] de Deus, por meio do qual a Terra veio a existir, não diminui. Ele é o que dá o fôlego de vida. Nós o sentimos quando respiramos. Nós o sentimos quando oramos. A palavra hebraica para fôlego é *neshimah*, que também é a palavra para *alma*. Dentro da nossa alma está o ruach de Deus. O poder com o qual o mundo foi criado vive dentro de nós.

O PRINCÍPIO NÃO TEM FIM

Precisamos desse poder porque os começos são difíceis. Você se lembra do medo, do frio na espinha quando começou o último relacionamento, um novo emprego, uma nova aventura? O medo parecia ser demais? Você já quis parar, voltar atrás, enfiar sua cabeça debaixo de um travesseiro?

Ainda bem que Deus não passa por essas dificuldades. Se Ele passasse, poderia não ter existido mundo, nem humanidade, nem oportunidade para os nossos próprios começos.

O grande rabino Nachman de Breslau, do século 18, disse que a palavra é uma ponte estreita, e a parte mais importante de atravessar essa ponte é não ter medo. Os começos dão medo, mas uma vez que começamos, ele diminui. A energia aumenta. Desenvolvemos força. É quando um começo se torna uma bênção e atravessamos a ponte que nos liga a Deus e aos outros.

> *Deus Eterno,*
> *Que preenchas meus começos com bênçãos e me abençoes com a finalização dos meus projetos. Amém.*

2

A voz

Passado algum tempo, Caim trouxe do fruto da terra uma oferta ao SENHOR. Abel, por sua vez, trouxe as partes gordas das primeiras crias do seu rebanho. O SENHOR aceitou com agrado Abel e sua oferta, mas não aceitou Caim e sua oferta.

(Gênesis 4:3-5)

Minha filha mais velha ama o programa The Voice. Às vezes, ela me convence a assistir com ela. Confesso que não sou um grande fã de música, no entanto, eu sempre fico intrigado na parte — a mais difícil e emocional — em que os juízes têm de dizer a um dos participantes que ele(a) está desclassificado(a), que não conseguiu. Normalmente, os dois participantes da batalha musical são talentosos. Geralmente, eles treinaram juntos, ambos passando pelas rodadas iniciais, mas apenas um deles pode passar para a próxima etapa.

Cada um dos juízes tem um estilo diferente de informar o participante que ele está eliminado, mas todos expressam a mesma mensagem: não se trata de fracasso. Não é falta de talento. É somente a realidade de que uma escolha tem de ser feita e que o vencedor precisa se enquadrar no que os juízes estão procurando para a próxima rodada. Ou seja, alguém deve perder sua rodada, mas ele(a) não é um fracassado(a).

O QUE CAIM PERDEU

Gostaria que Caim tivesse sido capaz de ouvir essa mensagem lá em Gênesis 3. Ele e Abel, ambos tinham ofertado a Deus, mas por um motivo desconhecido, Deus preferiu a oferta de Abel. Deus sabia que Caim estava furioso, pois lhe disse: "o pecado o ameaça à porta" (Gênesis 4:7). Ainda com raiva e frustrado, Caim ignorou o aviso e assassinou seu irmão.

Não precisava ser assim. A preferência de Deus não era uma acusação contra Caim. Como aprendemos depois, Caim continuou sendo o construtor da primeira cidade. Até agora, sua reação ecoa ao longo da história.

COMPARAR-SE É DESESPERAR-SE

Comparamo-nos com os outros, e quando o outro é o preferido, tomamos como um fracasso pessoal. A competição pode revelar o melhor de nós, mas muitas vezes, também revela o pior.

Uma lenda judaica posterior sugere que Caim finalmente arrependeu-se de seu pecado e Deus o aceitou. O perdão a Caim torna-se, assim, um exemplo da graça infinita de Deus. Se Deus pode perdoar Caim, também pode nos perdoar. O arrependimento de Caim faz-nos lembrar que a porta está sempre aberta para o perdão e a redenção.

> *Deus,*
> *Nossa sociedade rotula os indivíduos como vencedores ou fracassados, mas sei que, aos teus olhos, sou santo e único, abençoado com dons. Que eu esteja aberto para crescer e mudar com teu amor. Amém.*

3

Um dia do céu

*No sétimo dia Deus já havia concluído a obra
que realizara, e nesse dia descansou.*

(Gênesis 2:3)

Um admirador certa vez perguntou para o grande pianista Vladimir Horowitz como ele conseguia tocar de modo tão belo. Ele respondeu: "As notas, qualquer um pode tocar. Mas a pausa entre as notas... Ah... É ali que habita a música". O que Horowitz disse sobre a música também é real a respeito da nossa vida. São nas pausas — nos descansos, nos espaços entre elas — que o significado é obtido e a santidade é sentida.

Essa ideia parece tão inesperada hoje. Estamos sempre fazendo algo, sempre em movimento, sempre em prontidão. Uma pesquisa de 2014 mostrou que atualmente nós bebemos mais café instantâneo do que em qualquer outra época na história. Mas não foi assim que Deus nos criou. Não foi assim que Ele criou o mundo. Deus trabalhou e descansou. Deus criou e depois fez uma pausa, um descanso, um *sabbath*.

O primeiro *sabbath* não foi apenas a conclusão da criação, foi também o auge dela. Dessa forma, nosso Sabbath é o dia que podemos maravilhar-nos com a beleza do mundo que Deus criou. É o dia que desfrutamos o que o antigo sábio chamou de "um sabor do céu". É um dia em que paramos de pensar sobre o quê da vida e nos lembramos do *porquê* da vida.

COMECE AOS POUCOS

Para quem tem dificuldade em manter o Sabbath, servirá de ajuda começar aos poucos. Não precisamos seguir a antiga prática judaica de abster-se de todo trabalho pelas 24 horas inteiras. Não precisamos nos desconectar totalmente do mundo. Podemos fazer uma caminhada com nosso cônjuge ou um amigo. Podemos convidar aquele amigo com quem não falamos há algum tempo.

A questão do Sabbath não é somente descansar; é santificar. É nos elevar do plano físico e vislumbrar a beleza do espiritual. É o lugar, nas palavras de um rabino, onde o céu e a terra se encontram. E podemos visitar esse lugar toda semana.

*Deus Eterno,
Descansaste no sétimo dia. Dá-me a força de
espírito para descansar. Dá-me a sabedoria para
parar de fazer e começar a ser. Amém.*

4

Noach (Gênesis 6:9—11:32)

Bom o suficiente

> *Noé era um homem justo, íntegro em sua geração.*
> *Noé andava com Deus.*
> (Gênesis 6:9)

Quando eu tinha 18 anos, tornei-me conselheiro em um acampamento de férias para meninos. Eu cresci frequentando o acampamento de oito semanas a cada verão. Era como um segundo lar.

Depois de passar uma semana ajustando a vida como conselheiro em vez de frequentador, comecei a ter um bom desempenho. Eu amava liderar o programa de tênis, estar na cabana com as crianças mais jovens e as mais novatas no acampamento, e criar laços com os outros conselheiros. Quando me sentei com o diretor do acampamento para a minha revisão de fim de ano, estava preparado para receber ótimas notícias. Os conselheiros normalmente ganham um pequeno bônus quando se saem bem, e eu estava antecipando uma avaliação estelar e um bom bônus.

O diretor começou dizendo sobre os pontos maravilhosos que as crianças e os pais tinham a dizer sobre mim. Ele falou sobre a liderança firme do programa de tênis. Então, disse que eu era um "bom conselheiro". E aí, ele parou de falar.

Eu estava esperando. Continuei esperando. Depois, eu disse em um tom questionador: "Bom conselheiro?". "Sim", respondeu ele, "um bom conselheiro".

"Bem, eu não era um ótimo conselheiro?" Gaguejei.

"Às vezes", disse ele, "está tudo bem ser bom o suficiente".

Saí da reunião chateado, até mesmo bravo. Mais tarde, vi que ele estava certo. Eu não era um ótimo conselheiro, mas estava tudo bem. Às vezes, precisamos somente ser "bom o suficiente".

Agindo assim, seguimos os passos de Noé. Os rabinos antigos eram leitores cuidadosos do texto bíblico. Eles perceberam que Deus descreve Noé como "um homem justo, íntegro em sua geração". A geração dele era perversa. Foi por isso que Deus enviou o dilúvio.

Em uma outra geração, Noé não teria sido considerado tão justo. De fato, ele não falava com Deus face a face, como Moisés falava. Ele não começou uma nova religião, como Abraão começou. Mas Noé era "bom o suficiente". Ele ouviu Deus e seguiu as instruções divinas. Ele deu à humanidade uma oportunidade de renascer e de recomeçar do zero. Ele andava com Deus.

> *Eterna fonte de vida,*
> *Eu não sou perfeito. Não vivo uma vida perfeita.*
> *Tu, porém, não pedes perfeição. Tu me pedes para*
> *caminhar contigo em graça e bondade, e tua graça é*
> *boa o suficiente para mim. Amém.*

5

Espírito versus carne

> *Darei fim a todos os seres humanos, porque a terra encheu-se de violência por causa deles. Eu os destruirei juntamente com a terra.*
>
> (Gênesis 6:13)

Com essas palavras perturbadoras, Deus diz a Noé sobre a destruição iminente da terra. A violência tinha aumentado demais. A humanidade tornou-se como os adolescentes imortalizados em *O senhor das moscas*.[1] A violência e o poder ditam as regras.

Quando olhamos nosso mundo ao redor, podemos pensar que muita coisa não mudou. A violência ainda atormenta muitas partes do mundo. Até agora, de acordo com muitos cientistas sociais e historiadores, a violência declinou consideravelmente pelos séculos. Com o aumento do comércio e da viagem global, estamos percebendo lentamente, nas palavras de Abraham Lincoln e no título de um livro recente de um acadêmico da

---

[1] Publicado originalmente em 1954, o romance de William Golding fala sobre a história de um grupo de meninos perdidos em uma ilha desabitada que aos poucos se deixam levar pela barbárie na tentativa desastrosa de se autogovernar. [Nota da revisora.]

Harvard, Steven Pink — *Os anjos bons da nossa natureza* —, por que a violência diminuiu.

UM TIPO DIFERENTE DE VIOLÊNCIA

A violência, porém, nem sempre é física. Os comentaristas judeus fazem um paralelo entre a violência física da época de Noé e os nossos próprios desejos materiais. Eles comparam a descrição bíblica nesse versículo a um grande grupo de pessoas chegando em um salão de festas. Logo eles começam a brigar pela comida, e essa briga se transforma em uma luta massiva de ganância e ira. Então, o anfitrião chega e limpa a mesa do salão. "Com uma mesa vazia", considera ele, "não há nada pelo que lutar".

O QUE NOÉ SABIA

A mensagem? Tantas vezes, *nossa ganância leva ao vazio. Lutamos pelo que está diante de nós apenas para perder o que está dentro de nós.* Confundimos nossos desejos materiais com nossas necessidades espirituais, acreditando que uma pode satisfazer a outra, e assim perdemos ambas.

O que fez Noé ser único, de acordo com os sábios judeus, era que ele "andava com Deus" (Gênesis 6:9). Ele tornou essencial a parte espiritual do seu ser; sabia que Deus estava sempre com ele. Ele não ignorou suas necessidades materiais — na verdade, ele construiu uma arca e abrigou os animais, e teve de alimentá-los e sustentá-los —, mas nunca perdeu de vista o Deus que andava com ele. Devemos andar com Deus da mesma forma.

Deus do universo,
Faz-me lembrar que andas ao meu lado para que eu
me lembre sempre de que ando ao teu lado. Amém.

6

O primeiro passo

*E a chuva caiu sobre a terra quarenta dias
e quarenta noites. Naquele mesmo dia, Noé e
seus filhos entraram na arca.*

(Gênesis 7:12-13)

Um casal entrou para me ver. O filho deles tinha estado fora da faculdade por um ano. Ele tinha ido bem lá, porém não conseguiu achar um emprego. Ele estava morando com os pais e dormindo em seu antigo quarto.

Essa situação não é incomum, mas o que eles me disseram — e o que ouvi de pais em circunstâncias semelhantes — era mais preocupante. A situação tinha o paralisado. Mesmo que ele soubesse que devia estar procurando por um emprego, parecia que ele tinha desistido. Ele não queria sair da cama, e quando saía, não queria sair do sofá. Sua ambição e seu entusiasmo tinham se transformado em cinismo e raiva.

Esperando sem agir

A vida pode fazer isso conosco de vez em quando. Até nossos heróis bíblicos vivenciaram momentos assim. Os sábios judeus, extraindo do vocábulo delicado do versículo da nossa Torá, diz que Noé hesitou antes de entrar na arca. Ainda que ele a tivesse construído por 120 anos, ele não entrou quando começou a tempestade. Ele considerou: "Deus me poupou até agora. Eu sou um homem justo, Deus vai me deixar viver apesar da chuva". Somente depois de passar alguns dias e a água ter subido até a altura de seus tornozelos, foi que Noé finalmente chamou sua família e os animais, e entraram na arca.

O que ele estava pensando? Assim como o jovem cujos pais vieram para me ver, é bem possível que Noé sentisse que ia afundar com o resto do mundo. Ele sentiu-se impotente e desesperançado. Só o perigo iminente o forçou a pensar de modo diferente.

COMECE PELAS PEQUENAS COISAS E LOGO VERÁ GRANDES CONQUISTAS

Nem sempre podemos controlar nossas circunstâncias, mas podemos controlar o modo como vamos reagir a elas. Disse aos pais daquele garoto para fazer o filho lembrar-se de quem ele é e o quanto alcançou e pode continuar alcançando. Eu os fiz lembrar de um antigo provérbio hebreu que diz que uma boa ação leva à outra boa ação.

Quando somos bem-sucedidos em um ponto específico, desenvolvemos ânimo para fazer mais coisas. Comece pelas pequenas coisas e logo verá grandes conquistas. Dar o primeiro passo nem sempre é fácil, mas como ocorreu com Noé, pode salvar a nossa vida.

Deus,
Não preciso esperar para me voltar para ti.
Não preciso sentir o perigo para sentir tua presença. Faz-me lembrar que estás me guiando e sustentando por todo o caminho. Amém.

7

Lech-lecha (Gênesis 12:1—17:27)

A zona de conforto

Saia da sua terra, do meio dos seus parentes e da casa de seu pai, e vá para a terra que eu lhe mostrarei.
(Gênesis 12:1)

Quando minha primogênita aprendeu a nadar, foi bem fácil para ela. Ela aprendeu as braçadas, as pernadas e como respirar virando a cabeça para o lado. Todavia, uma parte continuou driblando-a. Ela não conseguia boiar.

No começo, fiquei confuso. Boiar não é a parte mais fácil? Parecia exigir bem menos esforço do que nadar livre ou de costas. Então, minha esposa deu-me um pequeno artigo chamado *Floating Takes Faith* [Boiar exige fé], do rabino David Wolpe. O rabino Wolpe destacou que boiar é difícil porque exige abrirmos mão de ter o controle. Precisamos soltar o corpo e confiar na água para emergir. Quando abrimos mão do controle, saímos da nossa zona de conforto, e é quando acontece o aspecto mais importante. Quando Deus chamou Abrão para deixar a casa de seu pai e ir "para a terra que eu lhe mostrarei", Deus não deu muitos detalhes. Ele não tirou do bolso um mapa ou um GPS para mostrar o caminho a Abrão e Sarai. Eles tiveram de deixar o que era familiar e adentrar no desconhecido.

Às vezes, como Abrão e Sarai, escolhemos sair da nossa zona de conforto. Outras vezes — quando falece um ente querido, quando somos demitidos, quando um relacionamento estimado acaba —, somos forçados a sair. Não sabemos como vai terminar. Não planejamos todas as reviravoltas. Na verdade, se tentarmos planejar, podemos bloquear as opções que iremos precisar ao longo do caminho.

O que mais importa é nossa confiança no destino final. Nossos passos podem tropeçar, mas Deus não vai nos deixar cair. Quando confiamos no destino final, novos caminhos se abrem diante de nós. É dito que quando não sabemos aonde estamos indo, qualquer caminho serve. Por outro lado, quando sabemos para onde vamos, muitos caminhos podem nos levar até o destino.

Eu sabia que minha filha aprenderia a boiar. Não sabia que levaria meses, mas sabia que ela tinha coragem para adentrar no desconhecido. Devemos adentrar no desconhecido.

Deus,
Tu me chamas para sair da minha zona de conforto.
Iluminas o caminho diante de mim e me dás a força
e a vontade de seguir em frente. Amém.

8

O controle

Ló escolheu todo o vale do Jordão e partiu em direção ao Leste. Assim os dois se separaram.
(Gênesis 13:11)

O grande falecido Yogi Berra tem uma famosa frase que diz: "Quando encontrar uma estrada alternativa no seu caminho, siga por ela". O ponto não muito sutil da frase de Yogi foi que, às vezes, pensamos demais em nossas decisões. Às vezes, só precisamos fazer uma escolha e ater-se a ela. Infelizmente, fazer a escolha errada pode nos colocar em apuros. E quanto mais problema causar, mais difícil é voltar atrás. Em meio às ilustrações mais marcantes dessa verdade está Ló. Ele e seu tio Abrão encontraram uma estrada alternativa no caminho e decidiram seguir rumos diferentes. Ló escolheu ir ao Vale do Jordão, a terra de Sodoma e Gomorra. Ela prometia conforto e riquezas.

Abrão, por sua vez, seguiu o caminho oposto. Sabemos o que acontece depois. Abrão (agora Abraão) tem de resgatar Ló e sua família quando o Senhor decide destruir Sodoma por causa de sua maldade de imoralidade.

O que fez Ló escolher ir para Sodoma? Ele era simplesmente ganancioso? Ele estava alheio à imoralidade e cultura destrutiva daquele lugar, ou simplesmente não se importava? Talvez Ló sofreu daquilo que às vezes aflige todos nós. *A grama do vizinho é sempre mais verde.* Sodoma era como o novo emprego com um salário alto e um escritório maior, exceto que não temos certeza sobre a cultura da empresa. Sodoma era como a casa maior, luxuosa, exceto que estaríamos usando a maior parte das nossas economias para obtê-la.

"Todos os rios vão para o mar", relata o livro de Eclesiastes, "contudo o mar nunca se enche" (1:7). Nossos desejos não são totalmente satisfeitos.

Contudo, o desafio não é eliminar nossos desejos; é dominá-los. Esse é o caminho de Abraão. Abraão sempre controlou seus desejos, mesmo quando esse controle vai até ao extremo. Ele controla seu desejo de estender a mão e proteger seu filho quando Deus o chama para sacrificar Isaque no monte. Ele controla seu desejo de deixar os habitantes de Sodoma e Gomorra morrerem imediatamente quando intercede para que eles sejam ouvidos com justiça diante de Deus.

Ninguém — nem mesmo nossos heróis bíblicos — está livre dos desejos, mas nossos heróis podem nos ensinar a dominá-los. Ló permitiu que seu desejo o dominasse. Ao seguir o caminho de Deus, Abraão aprende a dominá-los.

Deus,
Ganhei muitos desejos, mas neles colocaste teu
espírito e tua mão que me direciona, levando-me
para uma vida de santidade. Amém.

9

Os doadores e os tomadores

*Então o SENHOR disse a Abrão:
abençoarei os que o abençoarem.*

(Gênesis 12:1-3)

Às vezes, a Bíblia destrói a sabedoria convencional. Ela olha para as nossas convicções e coloca tudo de ponta cabeça. Esse é um dos momentos.

Aparentemente, esse versículo parece ir direto ao ponto. Deus está prometendo abençoar quem abençoar Abrão, sua tribo e sua descendência. Aqueles que abençoam Israel também serão abençoados.

Talvez estejamos tão acostumados com o versículo que esquecemos o quanto ele é revolucionário. No Antigo Oriente Médio, as tribos competiam umas com as outras. Competiam pelas terras, pelos recursos e pelo poder. Até mesmo seus deuses competiam. Associamos a palavra *tribalismo* com esse tipo de mente fechada e com conflito. Ser tribal é focar em nossos próprios interesses e autopreservação.

O Deus de Abraão oferece uma visão diferente. As tribos prosperam quando elas abençoam as outras. *Deus concede bênçãos não àqueles que cuidam de si mesmos;* Deus abençoa aqueles que pensam nos outros. Deus nos chama para a generosidade em vez do egoísmo, e promete que, no fim, a generosidade beneficia o doador.

Recebemos quando doamos

Talvez você tenha feito um trabalho voluntário cozinhando uma sopa, ou em uma escola, e sentiu que mais recebeu do que doou. Talvez você tenha apoiado uma organização e sentiu-se motivado por ela. Bem, você não precisa confiar somente nos seus sentimentos. A ciência lhe dá suporte.

Em 2013, o professor da Wharton, Adam Grant, escreveu um livro maravilhoso chamado *Dar e receber: uma abordagem revolucionária sobre sucesso, generosidade e influência*. Ele descobriu que quem doa aos outros sem esperar nada em troca alcança os níveis mais altos de sucesso.

Aqui está o porquê: os tomadores, como o nome já sugere, estão sempre tentando obter algo de você. Os doadores, por outro lado, buscam ajudar. O valor que eles geram leva-os a desenvolver relacionamentos de sucesso.

E o que isso significa para a sua vida espiritual? Doar para a sua igreja sem esperar algum tipo de favor especial de Deus. Doar para a sua comunidade sem esperar relações comerciais em troca. Você pode ver que tais doações geram recompensas que jamais imaginou.

Deus,
Faz-me um canal de tuas bênçãos.
Que elas fluam em mim e por mim, doando
luz e vida ao mundo. Amém.

10

Vayeira (Gênesis 18:1—22:24)

Hospitalidade: a diferença entre a vida e a morte

*Quando os viu, saiu da entrada de sua tenda,
correu ao encontro deles e curvou-se até ao chão.*
(Gênesis 18:2)

Já se encontrou com indivíduos e parecia que eles não estavam realmente ouvindo você? Talvez estivessem distraídos. Talvez não estivessem interessados. Talvez até atenderam o telefone e começaram a falar, deixando você esperando e pensando. Aposto que você se sentiu chateado.

Agora, pense em alguém que fez você se sentir imediatamente como se estivesse em casa. No momento que viu essa pessoa, você teve sua completa atenção. O telefone pode tocar, alguém pode se afastar, mas a atenção continua focada em você. É bem possível que você tenha se sentido ligado à essa pessoa.

Abraão era assim. Quando você estava com ele, tinha sua total atenção. Ninguém era mais importante do que a pessoa que estivesse na frente dele. Vemos um exemplo deslumbrante do seu caráter nas palavras de abertura da leitura da Torá. Três homens se aproximaram da tenda onde Abraão estava. Quando nota os convidados ali, Abraão encerra suas atividades e imediatamente se volta para os convidados diante dele. Nada poderia podia distraí-lo dos seus convidados.

Os sábios judeus viram esse incidente como um modelo de hospitalidade. Enquanto podemos pensar na hospitalidade puramente em termos sociais, ela era, nos tempos bíblicos, a diferença entre a vida e a morte. Sempre que viajantes cansados batiam à porta, o anfitrião podia atacá-los ou alimentá-los. Abraão escolheu a segunda opção. Ele deu as boas-vindas aos estrangeiros, alimentou-os e lavou os pés deles. Aos poucos, ele descobre que aqueles viajantes são anjos que estavam lá para entregar uma mensagem: seu filho tão esperado logo chegaria.

A lição dessa história não é somente que nós podemos estar, nas palavras do livro de Hebreus, "acolhendo anjos" (13:2). É que *a hospitalidade nos abre para a presença de Deus em todos os lugares.*

Colocar de lado o celular e olhar alguém nos olhos não são apenas boas maneiras. São deveres sagrados, porque Deus não está só acima de nós, mas entre nós, presente em quem recebemos e honramos. Quando honramos a imagem de Deus nos outros, honramos Deus que criou a todos nós.

Deus,
*Abre-me para o que está à minha frente
sem nenhuma distração e que eu dê minha
atenção para aquilo que a merece. Amém.*

11

O que os anjos não podem fazer

Abraão ergueu os olhos e viu três homens em pé, a pouca distância. Quando os viu, saiu da entrada de sua tenda, correu ao encontro deles e curvou-se até ao chão.

(Gênesis 18:2)

O reverendo Martin Copenhaver relata um encontro de dois homens de sua igreja na fila da loja de conveniência. Um disse ao outro:
— Ei, eu não lavei os seus pés sábado à noite?
— Sim, era eu. Pensei que eu tinha reconhecido você, mas estava muito escuro na hora, então não tive certeza.
— Sim e eu estava um pouco nervoso porque nunca tinha feito algo assim antes. Deixe-me apresentar...
É claro, o rosto do funcionário atrás do balcão começou a ficar vermelho e os dois finalmente perceberam como aquela conversa parecia constrangedora.[1]

---

[1] Martin Copenhaver, "Didn't I Wash Your Feet?" United Church of Christ online, www.ucc.org/daily_devotional_didn_t_i_wash_your_feet (acesso em 28 de outubro de 2016).

Contudo, ela não teria parecido constrangedora quatro mil anos atrás. Uma das primeiras coisas que vemos Abraão fazer quando os três visitantes chegam em sua tenda é trazer água para lavar os pés dos estrangeiros. Isso demonstra não só humildade, mas também hospitalidade. Também eleva Abraão, levando-o para mais perto de Deus.

Um dos grandes sábios rabínicos do século 19 ensinou essa verdade ao examinar o idioma do texto bíblico. Em Gênesis 18:2, a tradução em hebraico pode ser lida para dizer que os homens estão "em pé" com Abraão. Em Gênesis 18:8, após ele ter recebido e servido uma refeição, Abraão, de acordo com uma outra leitura da tradução hebraica, "está em pé" com eles. (O sufixo em hebraico para "perto" também pode ser lido como "em pé").

O que explica essa mudança? Nas palavras dos intérpretes judeus, "no início, os visitantes eram superiores a Abraão porque eram anjos e ele era um reles ser humano. Mas quando ele lhes dá alimento, bebida e abrigo, ele torna-se mais elevado do que os anjos".

Quando satisfazemos às necessidades dos outros, fazemos mais do que até os anjos podem fazer; fazemos aquilo que somente as pessoas podem fazer. Às vezes, como um povo cheio de fé, somos bem parecidos com os anjos. Preferimos meditar do que lavar os pés de outra pessoa. Entretanto, nas palavras do rabino do século 19 Israel Salanter: "Muitos de nós se preocupam somente com o seu próprio estômago e as almas das outras pessoas, quando todos deviam estar preocupados com a nossa própria alma e com o estômago dos outros". Para essa frase, podemos somente dizer amém.

Deus de todo ser humano,
ajuda-me a desempenhar o papel de servo ao longo
da minha vida em amor e com humildade. Amém.

12

Quando o certo é estar errado

> Então o S*enhor* disse: "Esconderei de Abraão o que estou para fazer? Abraão será o pai de uma nação grande e poderosa. Pois eu o escolhi, para que ordene aos seus filhos e aos seus descendentes que se conservem no caminho do S*enhor*, fazendo o que é justo e direito."
>
> (Gênesis 18:17,19)

Quando comecei a servir em minha congregação, um mentor rabínico compartilhou sua sabedoria comigo. "Às vezes", disse ele, "quando se trata de questões importantes dentro da sinagoga, você não vai conseguir as coisas do seu jeito. A diretoria ou o presidente vão tomar uma decisão que você não gosta. Apenas se lembre de duas coisas: ou você não apresentou um caso bom o suficiente para sua posição, ou você está errado".

Agora sendo um rabino há dez anos, eu acrescentaria uma terceira parte às palavras dele. Às vezes, estar errado pode ser uma dádiva. *Às vezes, aprendemos mais quando estamos errados do que quando estamos certos.*

Abraão pode ter se sentindo assim depois de sua discussão com Deus sobre o destino de Sodoma e Gomorra. O Senhor resolveu destruir as duas cidades por causa da maldade moral dos habitantes. Então, Abraão levanta-se para desafiar Deus.

O DESAFIO DE ABRAÃO

"E se houver cinquenta justos na cidade?", pergunta Abraão.
"Ainda a destruirás?" "Não", responde Deus.
"E se encontrares apenas quarenta?", Abraão prossegue. Deus diz que Ele não destruirá a cidade se ali encontrar quarenta justos.

O diálogo continua até baixar para o número dez, no qual, depois, Abraão não faz mais perguntas (Gênesis 18:16-33). No fim, as cidades são destruídas e os quarenta justos são salvos.

Abraão estava errado ao protestar? Devia ele ter ficado de boca calada e simplesmente confiado no julgamento divino? O texto sugere que Abraão estava certo em argumentar com Deus, mesmo que estivesse errado em pensar que as cidades podiam ser salvas porque Ele tem um propósito mais profundo do que vencer uma discussão. Deus quis que Abraão argumentasse com ele!

É por isso que Deus disse: "Esconderei de Abraão o que estou para fazer?" (18:17). *Deus estava testando o compromisso de Abraão de buscar a justiça e a retidão.* Abraão deixaria simplesmente as duas cidades ruírem sem protestar? Aceitaria simplesmente o mundo como ele é ou ele consideraria e trabalharia para o mundo, como devia ser?

Abraão passou no teste com honra. Ele teve a coragem de desafiar Deus em nome da justiça e da retidão para que nós, seus descendentes espirituais, tenhamos a coragem de desafiar todos os governadores humanos que buscam substituir as leis de Deus pelas próprias leis. O desafio é tão drástico hoje como sempre foi.

> *Deus,*
> *Dá-me poder para levantar-me pelos justos,*
> *mesmo quando o mundo parecer estar totalmente*
> *contra mim. Amém.*

13

Chayeí Sarah (GÊNESIS 23:1—25:18)

Acelerar as coisas

Abraão viveu até os 175 anos. Abraão deu seu último suspiro e morreu após uma longa vida boa.

(Gênesis 25:7-8)

Alguns anos atrás, um membro de 86 anos da minha congregação pediu para se encontrar comigo. "Claro", respondi. Esperei ele se apresentar para mim, assim nós não seríamos estranhos quando chegar a hora de fazer seu funeral. (Tais encontros não são um acontecimento incomum para um rabino novo, jovem em uma congregação com uma população idosa significativa). Porém, fiquei surpreso quando as primeiras palavras que saíram de sua boca depois que sentamos foram: "Rabino, gostaria que o senhor celebrasse o meu casamento". Ele continuou relatando sua história.

Ele tinha sido um bacharel a vida inteira. Então, depois que um antigo amigo faleceu, ele e a viúva começaram a ver um ao outro socialmente. Agora, eles tinham decidido se casar.

Mesmo quando ele brincou que eu podia ser seu neto, viemos conhecer um ao outro. Eu me encontrei com ele e sua noiva. Aprendi com a vida social vibrante que tinham, até dizendo à minha esposa que esses octogenários estavam saindo com bem mais frequência do que nós. Após o casamento, eles viajaram para a Europa e fizeram um cruzeiro pelo Mediterrâneo.

Em sua festa de aniversário de 90 anos, fiz alguns comentários e percebi que muitas pessoas começaram a desacelerar em seus 80 anos. Esse homem, todavia, tinha decidido acelerar as coisas.

Desse modo, ele se assemelhava ao nosso patriarca bíblico Abraão. Quando Abraão completou 90 anos, sua vida parece enfrentar uma nova urgência. Ele se envolve em uma negociação extensa para adquirir uma cova para sua esposa, Sara. Ele encontra uma esposa para seu filho, Isaque. Ele logo se casa de novo e tem outros oito filhos.

Abraão vive com uma urgência enorme em seus dias finais porque sabe que são limitados. Mas viver com tal urgência requer energia e também dá energia. Abraão é como o maratonista que ganha velocidade quanto mais longe ele corre.

Não precisamos chegar aos 90 anos para aprender com seu exemplo. Cada momento é precioso e nunca é tarde demais para começar.

Deus,
Tu me dás vida. Que eu a viva sabiamente.
Nunca me deixes perder de vista as oportunidades
de santidade e mudança que transbordam
ao meu redor. Amém.

14

Uma canção especial

E a vida de Sara foi de cento e vinte e sete anos.
(Gênesis 23:1a, tradução do autor)

Quando eu tinha onze anos de idade, minha família se mudou do Texas para Wisconsin. Um dos motivos foi o desejo de uma maior proximidade com meus avós. O outro era mais doloroso: o patrão do meu pai, da clínica médica onde ele trabalhava, tinha se envolvido em negócios comerciais antiéticos bem sérios. A clínica inteira foi pichada e teve de fechar. Foi um momento difícil para os meus pais. Eles esconderam muito do trauma de mim. Porém, lembro bem dos meus pais tocarem uma canção específica no carro e na casa várias vezes. A canção era de Bobby McFerrin: "Don't Worry, Be Happy" [Não se preocupe, seja feliz]. Ela os ajudou a atravessar aquele momento difícil.

Embora Bobby McFerrin não seja judeu, a mensagem da canção certamente ressoa com a tradição judaica. Tentar ficar feliz nos momentos traumáticos tem sustentado o povo judeu. A matriarca bíblica, Sara, é o primeiro exemplo dessa verdade.

Sara deixou sua terra natal com Abraão. Ela suportou o harém do rei Abimeleque. Segundo a tradição judaica, ela até resistiu ao quase sacrifício de seu filho, Isaque. Ainda assim, como sugere o texto bíblico, ela encontrou motivos de alegria e esperança em meio a tudo.

O segredo para enxergar essa verdade está na palavra hebraica *chayim*, que é a primeira palavra em hebraico no nosso versículo. Em hebraico, ela possui dois significados. A primeira é "vida", que é a tradução normalmente usada nessa passagem bíblica. No entanto, a palavra *chayim* também pode expressar alegria, vitalidade e entusiasmo. Tal significado chega bem perto da expressão francesa *joie de vivre* [alegria de viver].

Esse significado é o sentido transmitido em nossa passagem. De um ponto de vista literal e preciso, não precisamos da palavra. O texto podia simplesmente relatar: "Sara viveu 127 anos". Contudo, como os sábios judeus destacaram, o *chayim* adicional faz-nos lembrar que Sara encheu seus dias de alegria.

É bem possível que nós não vivamos o mesmo número de dias de Sara e que nem todos os nossos dias serão cheios de alegria. Alguns dias serão melhores do que outros. Mesmo assim, podemos seguir seu exemplo e buscar encher nossos dias com o máximo de alegria que pudermos. E não dói cantar uma canção alegre.

Deus,
Tu estás comigo nos momentos de sofrimento e
de alegria, de preocupação e de conforto. Que eu
encontre minha esperança e alegria em ti. Amém.

15

Manter a calma

Essa foi a duração da vida de Sara.
(Gênesis 23.1b, tradução do autor)

Nosso último devocional narrou que a vida de Sara foi de 127 anos. Então, lemos a segunda parte do versículo e ela é totalmente redundante. Qual é o motivo?

Sara vivenciou todos os altos e baixos da vida: ela deixou sua terra natal com Abraão. Passou-se como irmã de Abraão e ficou brevemente no harém de um rei. Sofreu com as tentativas de ter um filho e teve ciúmes de sua serva Agar. Finalmente, ela teve um filho em sua idade avançada, embora morresse antes desse filho se casar, construir sua vida feliz e ter seus próprios filhos. Apesar de todos esses altos e baixos, o caráter de Sara permaneceu intacto. Sua sabedoria e justiça estiveram presentes em todos os momentos de sua vida. Ela tinha a qualidade de *hishtavut hanefesh*, uma frase hebraica que significa "compostura, calma interior e equilíbrio".

Ao longo do Talmude (o manual de sabedoria judaica), os sábios judeus colocaram um valor alto nessa qualidade de caráter. Talvez essa qualidade fosse necessária para enfrentar momentos difíceis de perseguição. Talvez refletisse na ênfase da moderação — Maimônides chamou de "meio-termo". Os gregos chamavam de "média de ouro".

Eles também obtinham sua importância de um famoso versículo bíblico do livro de Miqueias: "Pratique a justiça, ame a fidelidade e ande humildemente com o seu Deus" (6:8). Essas palavras estavam inscritas com destaque no santuário da sinagoga onde cresci. Comentando o último versículo, os sábios perguntaram: "O que significa 'andar humildemente com Deus?'". A resposta: "Conduzir o morto ao túmulo e levar a noiva até à câmara nupcial" (Veja *Talmude da Babilônia*, Sukka 49b).

O que une esses dois exemplos é que eles são experiências emocionais extremas. Acompanhar alguém até o túmulo pode gerar luto, enquanto levar a noiva é uma grande alegria. "Andar humildemente" em cada circunstância é andar com uma compostura interior e estabilidade, o reconhecimento de que a vida é cheia de momentos de grandes alegrias e tristezas. Não quer dizer que não devemos chorar em um enterro ou dançar em um casamento — longe disso. Pelo contrário, é entender que as emoções têm seu tempo e lugar adequados. Ficar consumido pelo luto sem fim é perder a esperança no futuro e ficar eufórico de alegria é perder o contato com a realidade dos momentos difíceis da vida.

Deus,
Ajuda-me a ver e apreciar tua sabedoria ao longo
de todos os altos e baixos da vida. Amém.

16

Como escolher uma esposa

> *Concede que a jovem a quem eu disser: "Por favor, incline o seu cântaro e dê-me de beber", e ela me responder: "Bebe; também darei água aos teus camelos", seja essa a que escolheste para teu servo Isaque.*
> (Gênesis 24:14)

O grande consultor e escritor Jim Rohn é conhecido pela frase que diz que a nossa personalidade é a média das cinco pessoas com quem convivemos a maior parte do tempo. Embora essa definição seja insuficiente para abranger todo o nosso caráter, ela nos faz lembrar que somos influenciados por quem está ao nosso redor.

As pessoas com quem passamos tempo moldam quem somos.

Abraão tinha isso mente em quando buscou uma esposa para seu filho, Isaque. Normalmente, no Antigo Oriente Médio, os casamentos arranjados serviam o propósito das relações tribais. Um clã poderoso usaria o casamento como meio de construir uma aliança com outra tribo poderosa.

Abraão, entretanto, é o pai de uma nova religião. Sua preocupação principal não é uma aliança tribal, mas um líder que dará continuidade à fé e preservará os valores da nova nação.

Para encontrar a pessoa certa, Abraão envia seu servo Eliezer de volta à sua terra natal. Eliezer conhece bem Abraão e, sem nenhuma instrução do seu senhor, elabora um teste para encontrar a esposa com o caráter ideal. O traço que ele procura é a bondade. Esse é o objetivo do teste descrito em nosso versículo. Será que ela vai se importar com as necessidades de um estranho, ou simplesmente focará em suas próprias necessidades?

O QUE FAZ A MAIOR DIFERENÇA

Vamos colocar de lado os preconceitos culturais de uma sociedade antiga onde um pai encontraria uma esposa para seu filho e, em vez disso, foquemos na mensagem dessa troca. De todas as características que Abraão buscaria em uma noiva para seu filho — riqueza, beleza física, inteligência —, Eliezer, seu servo, sabe que Abraão prefere a bondade.

Talvez podemos pegar uma página da cartilha de Eliezer e procurar pelas mesmas qualidades em nossos relacionamentos. E talvez podemos almejar ser o tipo de pessoa que é o exemplo das qualidades.

Perto do fim de sua vida, o rabino Abraham Joshua Heschel disse: "Quando eu era jovem, admirava pessoas inteligentes. Agora que sou velho, admiro pessoas bondosas". Não precisamos esperar até ficarmos velhos para admiramos pessoas bondosas. Vamos começar agora.

Deus Eterno,
Tua bondade é incomensurável. Deixa-me extrair
do teu poço infinito, assim eu posso trazer bondade e
generosidade aos outros. Amém.

17

Toledot (GÊNESIS 25:19—28:9)

O pranto de Esaú

> *Quando Esaú ouviu as palavras do pai, ele soltou um alto e angustiante grito e chorou cheio de amargura. Ele implorou ao pai: "Abençoe também a mim, meu pai!"*
> (Gênesis 27:34)

Quando éramos crianças, minha irmã e eu costumávamos brigar para ver quem era o favorito dos nossos pais. Tenho certeza de que a maioria dos irmãos têm esse tipo de discussão uma vez ou outra. Às vezes, eu dizia que eu era o favorito. Noutras vezes, quando parecia que minha irmã conseguiu algo que não parecia ser justo, eu culpava meus pais por dar-lhe preferência. Nem os pais são perfeitos; no entanto, minha esposa e eu, e a maioria dos pais que conhecemos, tentamos assiduamente não ter filhos favoritos.

Infelizmente, nossos ancestrais bíblicos não tiveram o mesmo escrúpulo. Eles sempre tinham seus favoritos, e as consequências foram desastrosas. O exemplo mais memorável é o favoritismo de Jacó por José, a quem ele deu uma túnica colorida. Ainda assim, temos dificuldade em culpar Jacó porque seu pai fez a mesma coisa.

Um pecado criativo

O pai de Jacó, Isaque, preferia o gêmeo de Jacó, Esaú. Esaú era um aventureiro rústico, enquanto Jacó era um caseiro estudioso. Por outro lado, a esposa de Isaque, Rebeca, preferia Jacó. Através de uma manipulação astuta, ela conseguiu enganar Isaque ao dar a bênção valiosa do filho primogênito para Jacó, ainda que Esaú fosse o mais velho por uma diferença de dez minutos ao nascerem.

Por que a Torá teria tal história deplorável de pais nocivos? Posso pensar em dois motivos: primeiro, a Torá conhece nossa humanidade. Alguns pais realmente preferem um filho em vez do outro, e ao demonstrar o que tal favoritismo pode causar, a Torá ilustra nossa tendência humana e nos alerta de suas consequências.

Segundo, a Torá conhece o sofrimento gerado pela falta de amor. Em uma de suas cenas mais comoventes, Esaú grita em agonia. Ele pergunta ao pai se ele o ama de verdade. Dar a bênção do primogênito a Jacó significa que Isaque não deixou nenhuma bênção para Esaú?

Graças a Deus, a resposta é não. Deus também ouviu o pranto de Esaú. Seu sofrimento não passou despercebido. O amor não é um jogo de soma zero. Pelo contrário, quanto mais damos, mais recebemos. Finalmente, quando eles se reconciliam, Jacó e Esaú aprendem essa lição. Devemos aprender a lição da mesma forma.

Amado Deus,
Derrama em mim teu amor para que eu derrame o
amor nos outros. Amém.

18

Ouvir é crer

A voz é de Jacó, mas os braços são de Esaú.

(Gênesis 27:22)

Perto da minha sinagoga há uma igreja que sempre tem placas com frases inteligentes. Normalmente, a placa anuncia o tema do sermão para o próximo domingo. Recentemente, lia-se na placa: "Deus tem minutos ilimitados a qualquer hora". Copiei imediatamente, não só para usar em meu próprio sermão, mas também porque a frase capta de modo inteligente uma verdade profunda do judaísmo: Deus ouve. Também devemos ouvir.

De acordo com os sábios judeus, *ouvir* significa mais do que *ver*. Eles ensinam que os olhos enganam, mas o ouvido revela.

A prova textual favorita dos sábios para essa verdade é a história de Jacó e seu pai, Isaque. Jacó apresentou-se diante de seu pai para receber a bênção do filho primogênito. Ele está disfarçado de Esaú. Isaque está fisicamente cego, então ele não consegue reconhecer o engano de imediato. Porém, ele ainda consegue ouvir, ele ouve a voz de Jacó. Seus ouvidos revelam a verdade; ele simplesmente não a ouviu. Para Isaque — e para nós —, ouvir não é apenas um sentido físico. Exige bem mais. Quantos de nós ouvimos alguém enquanto estávamos pensando em outro assunto? Quantos de nós falamos ao telefone e lemos um e-mail ao mesmo tempo? Ouvir atentamente é estar presente de verdade, e isso pode ser uma luta. Sempre depende mais do coração do que dos ouvidos, mas é uma luta que vale a pena enfrentar. Ouvir o som verdadeiro — não apenas o eco — abre-nos para os outros. Ao ouvir uns aos outros, podemos entender nossas vulnerabilidades, nossos sonhos, nossos sofrimentos, nossas alegrias. Podemos remover as aparências do passado para o que verdadeiramente nos une.

Ouvir também nos abre para Deus.

Certa vez, uma jornalista perguntou para Madre Teresa o que ela dizia para Deus quando ela orava. "Nada", respondeu ela, "eu só ouço".

"E quando você ouve", perguntou a entrevistadora, "o que Deus diz?" "Nada", respondeu ela, "Ele só ouve".

*Deus Eterno,
Tu sabes dos meus pensamentos mais íntimos,
vês meus sofrimentos, sonhos e desejos. Que eu
também ouça realmente os outros. Amém.*

19

Seguindo os passos dos nossos pais

Isaque reabriu os poços cavados no tempo de seu pai Abraão, os quais os filisteus fecharam depois que Abraão morreu, e deu-lhes os mesmos nomes que seu pai lhes tinha dado.
(Gênesis 26:18)

Consta que Mark Twain disse: "Quando eu era um menino de 14 anos, meu pai era tão ignorante que eu mal podia suportar ter o velhote por perto. Mas quando completei 21 anos, fiquei admirado o quanto ele tinha aprendido em sete anos".

Rimos porque conhecemos a verdade da ironia. À medida que crescemos, temos a tendência de apreciar mais nossos pais. Reconhecemos algumas das lutas e dos desafios que eles têm, e se passamos a ser pais, podemos até herdar, consciente ou inconscientemente, algumas das características e dos hábitos deles. Talvez gostamos de músicas diferentes e comidas diferentes, mas é bem possível que dividimos as mesmas frases e prioridades.

Suspeito que o Isaque bíblico passou por uma evolução semelhante. Ele não teve uma infância fácil. Seus pais se mudavam com frequência, e seu pai quase fez dele uma oferta de sacrifício! Todavia, aqui o vemos cavando os poços que seu pai uma vez abriu. Esse versículo deve ser lido tanto literal quanto figurativamente. Isaque está voltando para os poços que seu pai uma vez cavou, e está desvendando e trazendo os ensinamentos que o seu pai uma vez implantou.

Uma metáfora perfeita

Um poço é uma metáfora perfeita para os ensinamentos dos nossos ancestrais. As águas que os ensinamentos contêm podem nos nutrir, mas para isso temos de alcançá-los e trazê-los à superfície. Eles não são simplesmente dados a nós. Às vezes, as águas têm um sabor amargo. Nenhum pai e mãe são perfeitos; ainda assim, eles são cruciais para a vida. Sem eles não estaríamos aqui.

Por fim, a Torá ensina, nas palavras de Oliver Wendell Holmes, que "Todo homem é um veículo no qual seus ancestrais andam". Elaborando sobre a ideia de Holmes, o rabino Sidney Greenberg escreveu que "Somos o resultado de todas as vidas que tocamos e nos influenciaram — pais e avós, irmãos e irmãs, professores e amigos; aqueles que nos magoaram e nos traíram, aqueles que nos sustentaram e fortaleceram".[1]

Em outras palavras, nossa vida é extraída de muitos poços". E então construímos o nosso próprio poço.

[1]Sidney Greenberg, "Using Other People's Years," sermon seminar, 1980, http://collections. americanjewisharchives.org/ms/ms0603/ms0603.090.008.pdf (acesso em 28 de outubro 2016).

*Deus dos meus ancestrais,
Dá-me a água da vida daqueles que vieram
antes de mim e ajuda-me a nutrir minhas
próprias gerações futuras. Amém.*

20

Vayetze (GÊNESIS 28:10—32:3)

Pegando energia emprestada

> *Quando Jacó viu Raquel, filha de Labão,*
> *irmão de sua mãe, e as ovelhas de Labão, aproximou-se,*
> *removeu a pedra da boca do poço e deu de beber*
> *às ovelhas de seu tio Labão.*
> (Gênesis 29:10)

Um amigo meu trabalha com um treinador. Ele ama me contar as coisas diferentes que faz com ele. Logo percebi que ele podia fazer muitas das atividades sozinho, ou com um amigo, assim ele não pagaria setenta e cinco dólares por hora.

Perguntei-lhe por que ele precisava de um treinador. Sua resposta foi: "É fácil. Ele é cheio de energia, e quando treinamos juntos, eu pego emprestado um pouco da energia dele. Consigo treinar mais com ele do que com qualquer outra pessoa".

Embora sua explicação não me convencesse a ter um treinador, ela revelou algo profundo: as pessoas ao nosso redor podem nos dar energia. Há motivos para passarmos tempo com as pessoas que passamos. Um dos motivos pode muito bem ser que essas pessoas nos ajudem a ser o tipo de pessoa que queremos ser. Elas nos dão energia, inspiração ou incentivo para agir assim.

A matriarca Raquel parece desempenhar esse tipo de função por Jacó. Ele a vê e, de repente, ele tem a força para levantar uma pedra do poço e dar água para o rebanho beber.

Os sábios judeus sugeriam que a pedra era imensamente pesada. Entretanto, para levantar a pedra, Jacó pegou emprestado a força em si e a força de vontade de Raquel, ou seja, ele não fez para impressioná-la. Ele foi capaz de fazer porque a força dos dois era maior do que a soma de suas partes.

Considere os momentos quando você fez algo extraordinário, algo que não sabia que podia fazer. O que o impulsionou a fazer tal ato? Visualizou alguém importante guiando você? De alguma forma, *a presença e o espírito de uma outra pessoa despertam em nós uma força que não sabíamos que tínhamos.*

Ao enfrentar tarefas difíceis não temos que enfrentá-las sozinhos. Podemos recorrer a um amigo ou parceiro e pedir emprestada um pouco da sua força. Também podemos orar de todo o coração e fazer da força divina nossa própria força.

Deus,
Tu nunca estás longe de mim. Posso encontrar
tua presença disfarçada nos outros e por eles podes
trazer força e graça a mim. Amém.

21

Onde está Deus?

> *E teve um sonho no qual viu uma escada apoiada na terra; o seu topo alcançava os céus, e os anjos de Deus subiam e desciam por ela.*
>
> (Gênesis 28:12)

Há aproximadamente uma década, surgiu um livro *best-seller* com o título *Depois do êxtase, lave a roupa suja*, de Jack Kornfield. Esse livro apresentou os princípios do budismo, mas seu título podia ser usado para descrever uma das mensagens por detrás do sonho de Jacó.

A Torá descreve que os anjos estavam *subindo* e depois *descendo*. Os sábios judeus eram leitores cuidadosos do texto, e eles destacaram que subir vem antes de descer. O texto não narra que os anjos iam *para baixo e para cima*. Ele narra que iam *para cima e para baixo*.

Essa ordem é um modelo, dizem os sábios, da vida espiritual autêntica. Começamos subindo. Como Jacó, talvez, temos um sonho majestoso ou uma experiência de fé. Pode acontecer enquanto cuidamos de pais idosos. Pode acontecer quando sobrevivemos a uma experiência traumática. Podemos sentir como se um cobertor nos envolvesse e uma sensação de conforto nos pegasse. Em poucas palavras, temos um momento onde Deus está presente de modo especial e temos um vislumbre do porquê fomos colocados aqui nesta terra.

Mas, então, temos de trazer essa visão para a nossa vida. *Temos de viver com um Deus que não está só presente nos sonhos e visões, mas nas tarefas diárias, tais como lavar a roupa.* Precisamos ver Deus não só quando subimos a escada, mas também quando descemos por ela.

Em 1929, um dos maiores filósofos judeus da história, Franz Rosenweig, faleceu. Ele tinha acabado de completar sua obra-prima literária chamada *The Star of Redemption* [A estrela da redenção]. O livro é cheio de argumentos complexos, interpretações e citações de milhares de anos da escrita judaica. Ele cita Maimônides, Rashi, Kant, Platão, e dezenas de outros filósofos. Depois, após mil páginas de ideias para a mente, ele termina definindo o objetivo de todo o livro. Ele resume em uma frase. Quais eram as palavras finais de seu livro? "A vida."[1]

> *Deus Eterno,*
> *Ao me abençoares com a vida eterna, tu me*
> *chamas para esta vida, dando-me a sabedoria*
> *e a força para torná-la santa. Amém.*

---

[1] Franz Rosenzweig, *The Star of Redemption* (Madison: University of Wisconsin Press, 2005).

22

Os lembretes

> *Então Jacó fez um voto, dizendo: "Se Deus estiver comigo, cuidar de mim nesta viagem que estou fazendo, prover-me de comida e roupa, e levar-me de volta em segurança à casa de meu pai, então o SENHOR será o meu Deus".*
> (Gênesis 28:20-21)

Certa vez, ouvi uma história sobre um marido e uma esposa que tinham sido casados por 50 anos. Eles tinham um casamento firme e forte, mas não eram pessoas particularmente carinhosas. Seus filhos, por outro lado, eram muito carinhosos com seus cônjuges e sempre diziam o quanto eles amavam uns aos outros.

Após perceber isso, a esposa disse ao marido: "Por que você nunca me diz 'Eu amo você?'". Sua resposta foi: "Eu lhe disse isso há 50 anos. Vou avisar-lhe se alguma coisa mudar".

Mesmo quando rimos, sabemos que a resposta dele é insuficiente. Não podemos expressar uma vez um sentimento ou firmar um compromisso e supor que ele permanece em vigor, a menos que digamos o contrário. Precisamos de lembretes, reforços, palavras de afirmação. Os judeus recitam o *Shema* — a oração que proclama a unidade divina — três vezes ao dia.

Muitos cristãos oram a oração do Senhor pelo menos uma vez ao dia. Precisamos ser lembrados do que realmente importa. Isso ajuda a entender algo perturbador nesse versículo sobre o patriarca Jacó. Aparentemente, ele está expressando uma fé altamente condicional em Deus, basicamente dizendo: "*Se* me protegeres, *se* garantires que minhas necessidades sejam atendidas, *então* tu serás o meu Deus". Não é assim que a fé age; não colocamos condições para Deus. Deus não é como um chefe de restaurante cuja comida devolvemos se não gostarmos. Ele não administra uma loja onde podemos devolver um item caso não seja adequado.

Jacó, contudo, não estava negociando ou colocando condições para Deus. Pelo contrário, estava buscando uma confirmação de Deus. Jacó estava voltando para Deus para renovar suas próprias forças. Ele era como uma criança preparando-se para vencer uma corrida e olhando para seus pais para certificar-se de que eles estão assistindo. Jacó precisava de Deus, assim como cada um de nós precisa. Não podemos completar a jornada sozinhos.

O rabino Menahem Mendel de Kotzk disse certa vez: "Deus está onde o deixamos entrar". Deus habita em nós não quando colocamos condições, mas sempre que abrimos nossa boca e coração, e lembramo-nos de sua presença.

Deus,
Tu estás comigo em todos os momentos.
Que eu viva e aja de acordo com tua presença,
agora e para sempre. Amém.

23

Uma lição não aprendida

> Lia engravidou, deu à luz um filho, e deu-lhe o nome de Rúben pois dizia: "O SENHOR viu a minha infelicidade. Agora, certamente o meu marido me amará".
>
> (Gênesis 29:32)

Assim como a maioria dos pais, quero que meus filhos se saiam bem na escola. Eu os incentivo, encorajo-os a estudar, faço perguntas e faço que se empenhem. Eu também tento o reforço positivo. Às vezes, passo dos limites. Um dia, eu estava tão orgulhoso pela minha primogênita após ela ter se saído bem em um teste de matemática difícil que disse: "Você é tão inteligente! É a criança mais inteligente da escola!".

Minha mãe, que estava em nossa casa naquele momento e teve uma carreira de professora, dirigiu-se até mim em particular. Ela me disse — como só uma mãe faz — para parar de elogiar Hannah por ser "inteligente".

"Elogie-a por empenhar-se, por estudar, por fazer boas perguntas em sala de aula. Reforce suas ações e não seus títulos." Não gostei de receber essa sabedoria naquele momento, mas agora gosto. Os elogios funcionam melhor quando focam nas ações em particular, quando reforçam as boas ações e escolhas.

Infelizmente, os filhos do patriarca Jacó não tiveram tal reforço positivo. As consequências da falta de atenção são vistas na vida do filho mais velho, Rúben.

Rúben é uma pessoa complicada. Ele quer fazer o que é certo, mas lhe falta coragem. Por exemplo, ele persuade seus irmãos para lançar José em um poço em vez de matá-lo. Ele planeja resgatá-lo depois de os irmãos terem ido embora, mas na hora é tarde demais. Sem seu conhecimento, José fora vendido para viajantes ismaelitas.

A Torá sugere que Rúben nunca recebeu a atenção e o louvor de que precisou quando era criança. Sua mãe, Lia, não era amada por Jacó. Ela até escolheu o nome Rúben — que significa "Vejam! Um filho!" — para que, como sugere o versículo, ela pudesse ter a atenção e a afeição do marido. Infelizmente, porém, sua atenção e afeição permaneceram em outro lugar.

O QUE REALMENTE FUNCIONA

A indiferença não gera respeito. Ela gera ira e apatia. No entanto, um elogio dado traz amor e sucesso.

Os sábios judeus disseram que o primeiro grande rabino, Jochanan ben Zakkai, costumava dizer aos seus discípulos quais eram seus pontos fortes. Um tinha uma memória excepcional; outro era particularmente piedoso; outro era um bom professor de educação infantil.

Seu exemplo dá discernimento para todos nós em nossos relacionamentos, sejam com professores, amigos, cônjuges, ministros ou pais. Cada um de nós tem dons únicos, e a visão e a atenção do outro podem nos ajudar a realçá-los.

> *Deus,*
> *Deixa-me ser alguém que percebe e realça os dons dos outros. E ajuda-me a estar aberto para os dons que os outros estimulam em mim. Amém.*

24

Vayishlach (GÊNESIS 32:4—36:43)

Sozinho

> *E Jacó ficou sozinho. Então veio um homem que se pôs a lutar com ele até o amanhecer.*
>
> (Gênesis 32:24)

Um amigo que é sacerdote sempre faz aos noivos a mesma pergunta cujo casamento ele celebra. "Quando", ele pergunta, "você disse para o outro pela primeira vez 'eu amo você?'. Era dia ou noite? E qual era a estação do ano?".

Quase sem exceção, a resposta é à noite e no inverno. Isso pode ter a ver com o fato de que estamos em Chicago e nossos invernos são bem longos, mas acho que essa associação aponta para uma verdade mais profunda. Nossos sentimentos mais profundos sempre emergem na escuridão. Às vezes, o mundo obscurece e confunde a verdade. Na escuridão, confrontamos e a encontramos. Na escuridão, revelamos nossa vulnerabilidade e expressamos nossos sentimentos mais profundos.

Jacó sabe dessa verdade. É na escuridão que ele se transforma. Ele não tinha visto seu irmão distante, Esaú, por vinte anos. O relacionamento dos dois terminou quando Jacó enganou seu pai para lhe dar a bênção do filho primogênito, e Esaú prometeu matá-lo. Agora, os dois estavam prestes a se encontrar novamente.

Jacó saiu do campo e atravessou o rio para passar um tempo sozinho. Um anjo o confronta e eles lutam a noite toda. No fim, Jacó sobrevive e o anjo o abençoa com um novo nome: Israel. Um anjo jamais revela seu próprio nome. Os sábios judeus perguntaram-se quem era o anjo e o que ele representava. A resposta mais convincente que deram é que o anjo representa o próprio Jacó. Ele passou a noite lutando com sua própria história, sentimentos, medos e esperanças.

Seu novo nome, Israel, significava aceitar a si mesmo. Durante boa parte de sua vida, Jacó tinha desejado ser Esaú. Ele queria ser o favorito de seu pai. Ele estava disposto a enganar, manipular e fugir para ter o que desejava. Mas ele jamais podia ser Esaú. Ele podia ser somente Jacó. Agora, ele finalmente estava pronto para ser ele mesmo, e isso muda a história quando Jacó faz as pazes com seu irmão.

A história de Jacó ensina que temos de resolver a tensão dentro de nós antes de fazermos as pazes com os outros. E, nas palavras de Jonathan Sacks: "Quando estamos em paz conosco, podemos começar a fazer as pazes com o mundo".[1]

> *Deus,*
> *Tu fazes as pazes nos mais altos céus. Que faças as*
> *pazes em mim e por mim aqui na Terra. Amém.*

---

[1] Jonathan Sacks, "The Blessing of Love (Naso 5776)," Rabbi Sacks online, www.rabbisacks.org/ blessing-love-naso-5776/ (acesso em 15 de setembro de 2016).

25

Escolhas difíceis

> *Jacó estava com medo e apavorado.*
> (Gênesis 32:7, tradução do autor)

Meu avô lutou pelo exército dos EUA por quatro anos durante a Segunda Guerra Mundial. Os três anos que ele passou na Europa marcaram a primeira vez que ele deixara o estado de Wisconsin. Aqueles anos abriram seus olhos para um novo mundo e mudaram sua vida. Eles também foram a base para as várias histórias que ele compartilhava com os netos.

Entre suas histórias favoritas estava a primeira vez que ele comeu no refeitório dos soldados. As paredes do salão estavam enfeitadas com a admoestação "matar ou ser morto". Estremeci nas primeiras vezes em que ele me contou essa história. Que frase horrível, medonha. Eles queriam mesmo incentivar os soldados a serem assassinos a sangue frio?

À medida que eu crescia e estudava guerra e política, fiquei menos enjoado e mais entendedor do propósito daquela frase. Se os soldados, como meu avô, não estivessem preparados para matar, eles seriam mortos. Suas vidas dependiam da vontade de matar se surgisse a necessidade.

Uma dura verdade

Jacó enfrenta essa mesma verdade. Ele recebeu a notícia que seu irmão distante, Esaú, estava a caminho para encontrá-lo e tinha consigo quatrocentos homens. O texto narra que Jacó está com medo e apavorado. Os sábios judeus perguntaram-se por que a Torá relata que ele estava com medo e apavorado. Parecia redundante. Eles acreditavam que a Torá jamais repetia uma palavra só para dar ênfase. Cada palavra expressa algo importante. Os sábios diziam que Jacó estava "com medo que Esaú o matasse" e "apavorado que tenha de matar Esaú". Ou seja, Jacó estava com medo que pudesse ter de matar Esaú para salvar sua própria vida.

Sem escolhas fáceis

A vida nem sempre nos dá escolhas fáceis. Às vezes, precisamos fazer algo que jamais imaginamos fazer para evitar um dano maior. Jacó, felizmente, foi poupado de uma escolha difícil. Ele e Esaú reconciliaram-se e trocaram presentes. Ainda que essa história faça lembrar que embora nossas decisões nem sempre sejam fáceis, Deus está sempre conosco para enfrentá-las.

> *Deus Eterno,*
> *Tu me dás o privilégio de tomar decisões*
> *difíceis. Faz-me lembrar de tua presença constante*
> *e guia-me pela escolha sábia. Amém.*

26

Vayeshev (Gênesis 37:1—40:23)

Encontrando a linha tênue entre a verdade e a ficção

> *Todos os seus filhos e filhas vieram consolá-lo,*
> *mas ele recusou ser consolado.*
> (Gênesis 37:35)

Muitas criancinhas podem ser teimosas, mas de vez em quando minha caçula excede o limite. Ano passado, chegamos quinze minutos atrasados, depois que a Baskin-Robbins tinha fechado. Ela recusou a admitir que não compraríamos nenhum sorvete. "Não está fechado!", alegou ela. "Mas olhe o aviso", respondemos. "Esse aviso tá errado", insistiu ela.

Quando ela não quer ir para a escola, fica totalmente convencida de que não tem aula naquele dia. Seus argumentos vão além do simplesmente não querer ir para a escola. Ela realmente convence a si mesma de que a escola está, na verdade, fechada. Tal teimosia deixa-nos loucos. E também é prejudicial. Precisamos aceitar as limitações e realidades da vida. Grandes professores e líderes espirituais sempre enfrentaram limitações. Uma linha tênue separa a negação da realidade de imaginar um mundo melhor. Às vezes, o que parece impossível não é.

Tudo é possível?

O patriarca judeu Jacó conhecia essa verdade. Seu conhecimento explica a reação estranha ao relato da morte do seu filho, José.

Os irmãos de José trouxeram para o pai pedaços da túnica que ele tinha feito para o filho. A túnica está cheia de sangue e rasgada. Eles dizem ao pai que José foi devorado por uma besta fera.

Ele parece aceitar a explicação. Rasga suas vestes e lamenta. Ainda assim, como lemos, ele se recusa a ser confortado. Ele diz que vai morrer em luto pelo filho.

Ao mesmo tempo que podemos entender sua dor, sua reação levanta questões porque a lei judaica estipula um período específico de luto. Depois de um ano, lembramos do ente querido, mas o ritual de luto termina. Jacó declara sua intenção de lamentar até morrer.

Ser teimoso

Podemos dizer que sua frase é uma hipérbole. Jacó não podia sequer imaginar superar essa tragédia, mas os sábios judeus dão uma explicação diferente. Eles ensinavam o seguinte: "Eles achavam que só se podia ser consolado por causa de alguém que já morreu, mas não por causa de alguém que ainda estivesse vivo". *Jacó não seria confortado porque ele não estava convencido que José estivesse morto.*

Jacó lamenta porque sabe que seus filhos têm alguma culpa no desaparecimento de José, mas ele se recusa a desistir de ter esperança que José pudesse ainda estar vivo. Como aprendemos poucos capítulos depois, sua esperança dá fruto. José está vivo. A fé não pede para que acreditemos no impossível. Ela, porém, nos desafia a nunca desistir de ter esperança.

Deus,
Tu fazes todas as coisas serem possíveis.
Que eu tenha a visão e a fé de nunca desistir
de ter esperança. Amém.

27

Trens diferentes

O Senhor estava com José, de modo que este prosperou e passou a morar na casa do seu senhor egípcio. José era atraente e de boa aparência.
(Gênesis 39:2,6b)

Na faculdade, certa vez ouvi um trecho de uma música poderosa. Intitulada "Different Trains" [Trens diferentes], é uma obra raramente executada pelo compositor contemporâneo Steve Reich, na qual ele contrapõe o som de trens em movimento com o som da orquestra.

O título vem da própria infância de Reich. Ele era criança durante a Segunda Guerra Mundial e seus pais estavam divorciados. Um morava em Los Angeles, e o outro, em Nova York. Várias vezes ao ano, ele andava de trem atravessando o país para visitar ou um ou outro.

Reich é judeu e mais tarde ele percebeu que muitos dos seus colegas judeus na Europa também estavam andando de trem durante o começo da década de 1940. Os trens levavam para os campos de concentração. A obra de Reich justapõe os sons e as emoções de cada trem. Um carregava um menino privilegiado pelo país para visitar os pais. O outro carregava milhões de pessoas para a morte.[1] As emoções contrastantes chocam e provocam o ouvinte.

Um exemplo menos gritante dessas emoções contrastantes é encontrado nesse versículo da Torá. O pai de José, Jacó, está enlutado pela suposta morte do filho, recusando-se a ser consolado. José, por outro lado, parece estar vivendo uma vida luxuosa. Está acolhido na confortável casa de Potifar, um dos cortesãos do faraó. Ele parece "atraente e de boa aparência". Os sábios judeus indicavam que ele parecia estar bem porque passava horas todos os dias mimando a si mesmo. Que contraste! José está pensando somente nele mesmo e em suas próprias necessidades enquanto seu pai sofre porque ele não consegue pensar em ninguém a não ser em José.

A subida de José ao poder

José, entretanto, cresceu e mudou. Ele foi do narcisismo para a justiça; do egocentrismo para o perdão. Vemos tal mudança não só em sua subida ao poder e ao salvar os egípcios da fome, vemos no *modo* como ele reencontrou o pai e reconciliou-se com os irmãos.

José importou-se com os sentimentos de Jacó ao perdoar os irmãos. Uma vez que tinha se tornado o primeiro-ministro do faraó, ele podia ter se vingado dos irmãos que o venderam para a escravidão. Ele até podia ter dito ao pai o que lhe fizeram.

Contudo, José importava-se com os sentimentos do pai. Ele sabia que o conhecimento de Jacó sobre a maldade dos filhos iria magoá-lo e matá-lo. Em vez disso, ele esperou pelo

---

[1] Christopher Fox, "Steve Reich's Different Trains," in Tempo, n. 172 (março 1990): pp. 2–8, www.jstor.org/stable/945403?seq=1#fndtn-page_ scan_tab_ contents (acesso em 28 de outubro de 2016).

momento certo quando pode perdoar seus irmãos sem magoá--los ou magoar o pai. Ele silenciou seu desejo de vingança para que pudesse manter sua família unida.

Às vezes, achamos que não conseguimos mudar; quem sabe tenhamos nos acomodado em certos padrões de mentalidade e comportamento. Até agora, na história de José, um jovem narcisista torna-se um modelo de justiça e de perdão.

Deus Eterno,
Obrigado pelo poder de crescer e mudar e tornar-me
a pessoa que sou capaz de ser. Amém.

28

Camuflado

> Quando ela viu que, ao fugir, ele tinha deixado o *manto* em sua mão, chamou os empregados e lhes disse: "Vejam, este hebreu nos foi trazido para nos insultar. Ele entrou aqui e tentou abusar de mim, mas eu gritei. Quando me ouviu gritar por socorro, largou seu *manto* ao meu lado e fugiu da casa". Ela conservou o *manto* consigo até que o senhor de José chegasse em casa.
> (Gênesis 39:13-16, ênfase do autor)

Em certas ocasiões, uma palavra que se repete numa história bíblica pode insinuar uma lição oculta que não parece óbvia. Temos esse belo exemplo no incidente entre José e a esposa de seu mestre, Potifar.

Um cortesão do faraó, Potifar fez de José seu mordomo-chefe. A esposa de Potifar — cujo texto não relata o nome — é atraída por José e tenta seduzi-lo. Quando ele se recusa, ela consegue agarrar uma parte de sua veste (seu *manto*) e apresenta ao seu marido como prova de que José tentou seduzi-la. José é jogado na prisão.

Em hebraico, a palavra usada para "manto" é *beged*. A palavra *beged* aparece seis vezes durante os dez versículos que descreve esse incidente. É claramente uma palavra que chama a atenção.

Uma pista para sua importância pode ser encontrada em uma outra palavra que tem as mesmas letras hebraicas. É a palavra *begidah*, que significa "traição" ou "decepção." Qual a conexão entre roupa e traição? As aparências enganam. O que os olhos veem pode esconder, em vez de revelar a verdade. As aparências não só enganam. Às vezes, elas podem esconder o que é mais importante. O que mais buscamos muitas vezes está camuflado para todos ao nosso redor. Nossos olhos focam naquilo que é brilhante e colorido. Vemos o glacê, mas não vemos o bolo. Vemos a fumaça, mas não o fogo.

Parte do porquê lemos a Bíblia é para dar-nos uma perspectiva mais profunda sobre o mundo. Ela nos ajuda a ver o Eterno em nosso dia a dia.

Deus,
Ajuda-me a ver e sentir tua presença, mesmo
quando meus olhos não podem te ver. Amém.

29

Visões

*"Lá vem aquele sonhador!",
diziam uns aos outros.*

(Gênesis 37:19)

Meu pai é terapeuta e, não é de surpreender, sua personagem bíblica favorita é José. José sonha. Ele tem visões. No início, ele é ridicularizado por isso. Seus irmãos se referem a ele em tom de brincadeira como "aquele sonhador", mas são os sonhos de José que salvam seus irmãos e o povo judeu.

José não é o único a sonhar. Todos sonham. O que distingue José é a habilidade de ter grandes sonhos mesmo em tempos de crise. Ele está na prisão quando interpreta os sonhos do padeiro e do copeiro do faraó. Ele é um prisioneiro recém-liberto — um estrangeiro, um desconhecido em uma terra estranha — quando interpreta os sonhos do faraó das sete vacas magras devorando as sete vacas gordas.

José não permite que a situação atrapalhe o sonho. Ele não é impedido por obstáculos artificiais. *Ele permite que Deus fale por meio dele, mesmo quando parece que ele é a última pessoa com quem Deus falaria.*

Desistir muito cedo

Frequentemente desistimos muito cedo. Deixamos nosso desespero atrapalhar nossos sonhos. Essas personagens, como José, que fizeram história, deixaram seus sonhos ganharem vida. Winston Churchill podia ter deixado o poder dominante do exército alemão e o desespero do povo britânico em 1940 destruir seu sonho de sobrevivência e vitória completa. Mas ele não deixou. Martin Luther King Jr. podia ter deixado a persistência da segregação destruir seu sonho de uma América onde as pessoas "seriam julgadas pelo seu caráter, e não pela cor de sua pele".[1] Mas ele não deixou.

Sonhar não é viver em um mundo de fantasia. É imaginar um mundo cheio do [Espírito] de Deus. É extrair a energia e a bondade que Deus colocou no mundo para fazer dele um lugar melhor.

Um dos grandes rabinos modernos da América, Sharon Brous, extraindo da obra do grande professor espiritual chamado Kook, escreveu: "O mundo inteiro observa nossa capacidade de ter grandes sonhos. Toda a vida religiosa é feita para nos lembrar de sonhar, justamente quando a vida ameaça atolar-nos na realidade que não combina com as aspirações mais profundas do nosso povo".[2]

Ou seja, sonhar é um dos aspectos mais práticos que podemos ter.

---

[1]Martin Luther King Jr., "Eu tenho um sonho", discurso realizado no Lincoln Memorial, Washington DC, 28 de agosto de 1963.
[2]Sharon Brous, "Defying Despair: Why I Believe", *The Huffington Post*, www.huffingtonpost.com/sharon-brous/defying-despair-why-i-bel_b_135229.html (acesso em outubro de 2019).

*Deus Eterno,
Tu dás o poder de sonhar. Que tenhamos
grandes sonhos com a coragem e a humildade
de realizá-los. Amém.*

30

Miketz (Gênesis 41:1—44:17)

Distribuir

> *José recolheu todo o excedente dos sete anos de fartura no Egito e o armazenou nas cidades. Em cada cidade ele armazenava o trigo colhido nas lavouras das redondezas. Assim José estocou muito trigo, como a areia do mar.*
> (Gênesis 41:48-49)

Certa vez, eu realizei um casamento onde os noivos decidiram distribuir todos os presentes. Eles não eram um casal abastado. Eles podiam ter usado os utensílios, a porcelana e os outros itens domésticos. Em vez disso, porém, eles simplesmente queriam começar o casamento com um sentimento de abundância.

Nada demonstra nossa abundância mais do que a generosidade. Ao distribuir os presentes, o casal lembrou-se dos dons de amor e de companheirismo que são mais valiosos do que todos os outros.

Aparentemente, a generosidade e a demonstração de abundância do casal parecem estar em oposição ao texto da Torá citado na epígrafe. José não está distribuindo os grãos, ele está acumulando. Todavia, como sabemos de passagens anteriores, ele está acumulando grãos para que possa distribui-los quando chegar o tempo de escassez. Esse acúmulo não serve a si mesmo. Ele serve o povo.

Não precisamos da sabedoria de José ou do desprendimento do casal cuja cerimônia de casamento realizei para apreciar a importância da generosidade. A generosidade vira-nos do avesso. Ela muda o foco dos próprios desejos para as necessidades dos outros.

Agindo assim, ela também nos faz sermos mais felizes.

A verdade paradoxal é que o desprendimento é egoísta. Vários estudos provavam que quem dá grandes quantias para a caridade é mais feliz e mais satisfeito com a vida. Ou seja, os bonzinhos não entram pelo cano.

Onde quer que estivermos na jornada da vida — se acumulamos muito ou pouco —, podemos praticar a generosidade. A lei judaica na verdade exige que um indivíduo faça caridade o suficiente para um morador de rua para que este também possa fazer caridade. Essa lei não tem nenhum sentido econômico. Seria mais eficiente simplesmente dar ao morador de rua o que ele precisa. De qualquer forma, isso faz todo o sentido psicológico porque a habilidade de dar traz um senso de dignidade para todos.

José é a uma figura bíblica chamada *hatzadik*, o justo. Sua generosidade fazia parte de sua justiça e isso o fez se tornar o primeiro-ministro do Egito. Ele sabia algo que todos podemos vivenciar: dar é o segredo para progredir.

Deus de todo ser humano,
Ajuda-me a encontrar a força e o amor para
distribuir a todos. Amém.

31

Uma explicação espiritual às crianças do pós-guerra

Antes dos anos de fome, Azenate deu a José dois filhos.

(Gênesis 41:50)

Seguindo o fim da Segunda Guerra Mundial, a América viveu o crescimento demográfico mais veloz em sua história. A frase "geração pós-guerra" refere-se à geração nascida entre 1945, o ano em que a guerra terminou, e 1964. Em contraste a essa explosão, os próprios anos de guerra testemunharam uma das taxas de natalidade mais baixas do nosso país.

A explicação simples para esse contraste é que muitos homens estavam ausentes, em guerra. Ainda que também possamos vislumbrar uma explicação mais espiritual, uma compreensão do caráter humano pode nos guiar até hoje.

Essa compreensão pode ser encontrada na leitura cuidadosa dos sábios judeus do versículo da Torá. Para eles, nenhuma palavra da Torá é supérflua. Cada detalhe tem sua importância.

Assim, eles perguntavam por que a Torá narra que José tornou-se pai "antes dos anos de fome". A Torá não podia simplesmente relatar que ele se tornou pai? Por que tem que nos lembrar que aconteceu *antes* da escassez? Ela fornece essa informação para mostrar o compromisso de José com o povo egípcio. Em tempos de grande sofrimento público, os grandes líderes raramente atendem aos seus próprios prazeres. Para José, um dos grandes líderes da história, um senso de humanidade compartilhada durante a fome superava suas próprias necessidades de alegria e prazer pessoal. Ele podia passar o tempo necessário com sua esposa e filhos só quando ele não era consumido pelas necessidades e sofrimentos do seu povo.

O comportamento de José parece excessivamente rigoroso. Temos de abrir mão de todos os prazeres pessoais durante os tempos de dificuldade? O presidente devia ser impedido de tirar férias?

Não. Mas podemos lembrar que "nenhum homem é uma ilha".[1] Quando a comunidade sofre, todos nós sofremos. O Talmude coloca desta forma: "Quando uma comunidade é afligida, nunca devemos dizer 'Vou para minha casa comer, beber e ser feliz'. O indivíduo deve, porém, se juntar ao sofrimento da comunidade".

Todos nós sabemos essa verdade de modo intuitivo, mesmo que às vezes seja difícil explicá-la e reconhecê-la. Talvez a melhor forma de entender esse conceito é lembrar de um ditado atribuído às mães ao redor do mundo: "A mãe só é feliz quando todos os filhos o são".

---

[1] John Donne, "Meditation XVII. Nunc lento sonitu dicunt, morieris", Devotions upon Emergent Occasions (1959), https://www.ccel.org/ccel/ donne/devotions.iv.iii.xvii.i.html (acesso em 28 de outubro de 2016).

Tal verdade não tem que nos deixar deprimidos. Isso nos faz lembrar que podemos fazer tudo o que pudermos para construir uma família e uma comunidade onde transborda alegria.

Deus,
Direciona-me sempre para as necessidades dos outros, assim posso realmente ajudar a desenvolver uma comunidade querida e amada. Amém.

32

Vayigash (Gênesis 44:18—47:27)

O que a Bíblia ensina

> *Agora, não se aflijam nem se recriminem por terem me vendido para cá, pois foi para salvar vidas que Deus me enviou adiante de vocês.*
> (Gênesis 45:5)

Ainda consigo me lembrar do choque e do silêncio na sala. Era uma aula de Introdução à Bíblia para os alunos rabínicos do primeiro ano. Nosso professor entregou um pacote de papéis e começamos a ler.

O papel narrava a história de um jovem homem semítico e sua subida ao poder no Egito. Discutia a interpretação dos sonhos do faraó, dos anos de fome aos anos de abundância e um grupo de irmãos reunidos. Mas havia um problema. A história não era sobre José. Não era da Bíblia. Era uma história egípcia de um homem chamado Imhotep. Ele servia um faraó chamado Djoser. Ele interpretou o sonho do faraó para se prevenir dos sete anos de escassez.

Nosso professor prosseguiu dizendo que a história de José é igual às várias lendas egípcias. É uma das várias histórias semelhantes circulando no Antigo Oriente Médio. Confesso que não fiquei muito chateado pelo ponto de vista do professor. Saber que a história bíblica de José tinha equivalentes em outras culturas não significa que não podemos lê-la como uma revelação da verdade divina, como um lampejo na formação e nos valores do povo judeu. Os sábios judeus sempre acreditavam que podemos ler a Torá em vários níveis. Por que iríamos ler e estudá-la por milhares de anos se há apenas uma única maneira de entendê-la?

A LEITURA EM PROL DA VERDADE

A história de José pode ser lida como um mito antigo do Oriente Médio sobre a sorte e a subida ao poder de um estrangeiro sábio que salva o Egito. Também pode ser lida como uma história sobre a revelação da providência divina. A cada momento, Deus guia José.

Quando se depara com um estrangeiro que o guia em direção aos irmãos, ele é guiado por Deus. Quando interpreta os sonhos dos seus colegas prisioneiros e depois do próprio faraó, ele é guiado por Deus. Caso não percebamos, o próprio José afirma isso. Quando se revela aos irmãos, ele diz as palavras: "Foi para salvar vidas que Deus me enviou adiante de vocês".

O mesmo pode ser verdade na nossa vida. De uma perspectiva, nossas ações podem ser vistas como aleatórias e casuais. Por outro lado, elas são guiadas pela mão de Deus. Como José, somos parte de uma história bem maior do que nós.

Deus da verdade,
Tu me dás a tua Palavra. Ajuda-me a usar minha
mente e o meu coração para discerni-la. Amém.

33

Como nos desenvolvemos

Então Judá dirigiu-se a ele, dizendo: "Por favor, meu senhor, permite-me dizer-te uma palavra. Não se acenda a tua ira contra o teu servo, embora sejas igual ao próprio faraó".

(Gênesis 44:18)

Muitos pesquisadores sugerem que nosso cérebro para de se desenvolver por volta dos 25 anos de idade. Por um lado, é uma boa notícia, sobretudo para os pais de adolescentes aterrorizados pelo fato de seus filhos nunca saírem da adolescência. Por outro lado, isso pode ser uma má notícia, sobretudo para quem tem mais de 25 anos.

Eis minha pergunta: quando o cérebro para de se desenvolver, será que isso significa que também paramos de nos desenvolver? A fé indica o contrário. O desenvolvimento não é algo que só acontece com o nosso corpo. É algo que acontece em nossa alma. Temos mais no que confiar do que no cérebro. Confiamos no coração, em uma poderosa força chamada graça.

Reflita na história do israelita Judá. Ele nos é apresentado como um dos filhos maldosos de Jacó, o líder ao vender seu irmão José para a escravidão. Então, Judá têm três filhos; dois deles morrem. A lei israelita exigia que a viúva se casasse com o irmão do falecido e Judá se recusa, temendo que esse filho também morra.

Sua recusa deixa a viúva — a nora Tamar — envergonhada. Ela expõe a fraude dele e Judá admite seu pecado. Essa atitude muda tudo nele. Ele se torna um líder disposto a admitir os próprios erros, trabalhar para o bem e incentivar seus irmãos a crescer.

Vemos essa mudança exposta no encontro memorável entre José e seus irmãos. Os irmãos não sabem que estão falando com José. Eles simplesmente o conhecem como o primeiro-ministro do Egito. José confronta-os com uma série de testes para ver se eles mudaram seus maus caminhos.

O teste mais essencial e revelador é a exigência de José para trazer o irmão caçula, Benjamin, como prisioneiro. Os irmãos sabem que atender à exigência de José e abandonar Benjamin iria partir o coração de Jacó. Eles recusam, e Judá se aproxima e aborda José como narra o versículo, finalmente dizendo que ele está disposto a tomar o lugar do irmão como prisioneiro. Para Judá, a coragem substituiu a insensibilidade e a lealdade venceu o egoísmo.

Apesar de a Bíblia não revelar a idade de Judá, sabemos, pela idade dos irmãos, que ele tem mais de 25 anos. Ele é, de acordo com os sábios judeus, um modelo para uma mudança significativa e duradoura. Ele se vê em uma situação familiar — tem de defender um dos irmãos — e não repete seu pecado do passado.

Todos nós cometemos erros. Todos nós fazemos coisas que desejamos não ter feito. Quando a oportunidade para pecar aparecer novamente, vamos agir de modo diferente? Esse é o teste. E Judá foi aprovado. Também podemos ser.

Deus,
Deixei de confiar somente nos meus desejos
porque me deste razões bem mais profundas
para crer. Dotaste-me de graça, amor e o poder
de me renovar e mudar. Amém.

34

Vayechi (GÊNESIS 47:28—50:26)

O primeiro ato de perdão

> *Vocês planejaram o mal contra mim, mas Deus o tornou em bem, para que hoje fosse preservada a vida de muitos.*
> (Gênesis 50:20)

Em 2015, um atirador chamado Dylann Roof assassinou nove pessoas na igreja Emanuel African Methodist Episcopal (AME) em Charleston, Carolina do Sul. Os nove estavam entre os membros que tinham se reunido para um estudo bíblico. Roof ficou sentado com eles por uma hora, então começou a atirar.

Logo após ele ser pego pela polícia, vários membros da família das vítimas anunciaram que eles tinham perdoado Roof por suas ações. Alguns na mídia e em outros lugares questionaram e até ridicularizaram esse ato de perdão. Eles usaram esse gesto para fazer uma caricatura dos crentes como sendo fracos e ingênuos.

Por outro lado, eu recebi o anúncio com admiração absoluta: admiração pela fé necessária para unir compaixão e disposição para perdoar tal ato de maldade. O perdão é um dos maiores atos de fé. É inesperado, contracultural e quase impossível de entender fora dos limites de uma crença em uma força orientadora maior do que nós.

Nessa passagem, José faz o primeiro grande ato humano do perdão registrado na Torá. De acordo com os sábios judeus, Deus já perdoara antes desse episódio, mas José foi o primeiro ser humano a perdoar. Ele perdoou seus irmãos por ter traído sua confiança e tê-lo vendido como escravo. Mas não tolerou seus atos. Ele não fingia entender ou explicá-los. Em vez disso, ele baseou seu perdão na fé. "Vocês planejaram o mal contra mim, mas Deus o tornou em bem."

Talvez a melhor palavra para descrever a psicologia por detrás do perdão de José seja *ressignificação*. Pela fé em seu Deus de justiça e retidão, José ressignificou os acontecimentos do passado. Ele assim o fez por causa de sua fé, mas não necessariamente a fé nos irmãos. Ainda que parecesse que eles estavam arrependidos, eles nunca pediram desculpas diretamente a José. Pelo contrário, ele perdoou por causa de sua fé na providência divina e no desejo de construir um futuro não contaminado pelo passado.

O perdão é um poder que Deus dá para cada um de nós. Ele nos liberta da prisão do passado e aponta para as possibilidades futuras.

> *Deus,*
> *Concede-me a força para perdoar, mesmo quando for terrivelmente difícil. Mesmo quando anseio por vingança, faz-me lembrar do poder do amor. Amém.*

35

Jovem há muito tempo

> Então Jacó chamou seus filhos e disse:
> "Ajuntem-se a meu lado para que eu lhes diga o que
> lhes acontecerá nos dias que virão".
>
> (Gênesis 49:1)

Eu passei dez verões em um acampamento noturno de oito semanas. Olhando para trás, parecia para mim um universo alternativo, cheio de lembranças profundas, amizades e laços insubstituíveis.

A parte mais difícil do acampamento era o último dia. Enquanto estávamos animados em ver nossos pais, temos de dizer adeus às pessoas com quem tivemos de conviver por oito semanas intensas. Não existia redes sociais ou videochamadas naquela época para manter contato e, mesmo com essas tecnologias, nada substitui a convivência. A despedida não era apenas uma tristeza terna. Ela gerava um sofrimento doloroso.

A Torá está cheia de despedidas. Elas também revelam um sofrimento doloroso, até mesmo uma amargura em certas ocasiões. Mas ela também contém bênçãos. Talvez a despedida mais marcante da Torá — a frase de Jacó para os filhos no seu leito de morte — contém uma mistura de ambas as emoções.

Jacó expressa seu amor e sua ira, seus arrependimentos e sua gratidão. O que é mais marcante não é apenas o que ele diz, mas como ele diz.

Quem está morrendo muitas vezes sente como se estivesse diminuído e fraco aos olhos dos outros. Eles se sentem dependentes, como se tivessem se tornado um fardo para quem os ama. Jacó não cede a esse sentimento. Ainda que esteja cego, ele insiste em saber o que está fazendo quando abençoa um dos netos, o mais jovem diante do mais velho, o que não era um costume. As palavras de despedida de Jacó dão-lhe uma medida de controle e visão em seus últimos dias.

Seja qual for nossa idade, podemos pegar como exemplo a graça e o vigor de Jacó. Visitei uma senhora de 97 anos de idade em minha congregação. Ela me contou uma história sobre seu bisneto. Ele perguntou para ela: "Bisa, a senhora é velha?". E ela respondeu: "Não, querido, eu sou jovem há muito tempo".

Nenhum de nós pode mudar a nossa idade, mas podemos ter a esperança de sermos jovens há muito tempo.

Deus de todo ser humano,
A vida é cheia de despedidas. Ajuda-me a enchê-la
de amor e ternura. Amém.

36

Os irmãos que se relacionavam bem

Algum tempo depois, disseram a José: "Seu pai está doente"; e ele foi vê-lo, levando consigo seus dois filhos, Manassés e Efraim. E anunciaram a Jacó: "Seu filho José veio vê-lo". Israel reuniu suas forças e assentou-se na cama.

(Gênesis 48:1-2)

No jantar de sexta-feira do Sabbath, eu e minha esposa abençoamos nossas filhas. Temos duas meninas, então pedimos a Deus para fazê-las ser como nossas matriarcas Sara, Rebeca, Raquel e Lia. Quando temos sobrinhas ou sobrinhos, ou amigos a mais, convidamos os pais para abençoarem seus filhos com as palavras tradicionais: "Que Deus faça a você como fez a Efraim e a Manassés" (Gênesis 48:20).

Por que esses dois meninos? Tem sido dada muitas explicações, mas a minha favorita é que Efraim e Manassés eram os primeiros irmãos na Torá que realmente se relacionavam bem. Pense nisso: Caim matou Abel, Isaque nunca se encontrou com

Ismael até enterrarem seu pai; Jacó e Esaú guerreavam, e os irmãos de José venderam-no para a escravidão. Efraim e Manassés, entretanto, não brigam. E quando o avô deles, Jacó, inverte o costume e abençoa o mais jovem, Efraim, com sua destra — que é a mais forte, dotando o receptor com uma bênção maior —, o irmão mais velho Manassés não protesta. Esses dois irmãos quebram o violento ciclo de rivalidade entre irmãos da Torá.

Ou seja, Efraim e Manassés são ambos ordinários e extraordinários. Eles são ordinários por não serem patriarcas; eles não começam uma nova religião ou falam diretamente com Deus. Podemos nos identificar com eles, como seres humanos. Mesmo assim, eles são extraordinários por ser o primeiro par de irmãos na Torá que se relacionam bem.

Uma das belezas da Torá é que ela não evita os tópicos difíceis. Qualquer um que tem irmãos sabe que nem sempre nos relacionamos bem. Nossas semelhanças ampliam nossas diferenças e estamos sempre competindo pela aprovação de nossos pais em um nível inconsciente, mesmo após eles terem falecido.

Efraim e Manassés faz-nos lembrar que esses obstáculos não precisam ser fatais. Poucos versículos antes da bênção dos irmãos, Jacó usa a palavra *pastor* para descrever o papel de Deus em sua vida (Gênesis 48:15).

Um pastor se importa com seu rebanho. Talvez os irmãos sejam pastores um do outro. Eles tomam conta um do outro, uma dedicação que só os irmãos possuem.

Deus,
Tu és o meu pastor. Enche meus relacionamentos
com bondade e respeito. Amém.

37

Mentiras inofensivas

> *Então mandaram um recado a José, dizendo: "Antes de morrer, teu pai nos ordenou que te disséssemos o seguinte: 'Peço-lhe que perdoe os erros e pecados de seus irmãos que o trataram com tanta maldade!' Agora, pois, perdoa os pecados dos servos do Deus do teu pai".*
>
> (Gênesis 50:16-17)

Na entrevista para o meu primeiro cargo de rabino, pediram-me para ensinar ao comitê de pesquisas meu texto judeu favorito. Eu tinha muitos favoritos, mas decidi usar uma passagem intrigante do Talmude.

A passagem tem como tema central a questão se é aceitável contar uma mentira. Os sábios judeus discutiram a questão e então colocaram uma hipótese: E se você estiver em um casamento e o noivo lhe perguntar: "Minha noiva não é linda?". Se você achar que ela não é, o que você diz? Ou seja, tudo bem em mentir?

Os rabinos, por fim, decidiram que podemos concordar com o noivo "porque aos seus olhos, ela é linda". Ou seja, os sábios permitiam contar uma mentira inofensiva. Eles continuaram dizendo que tais mentiras são permitidas somente em prol da paz. Não podemos mentir para obter algo ou enganar alguém.

Podemos contar uma mentira somente se ela aumentar a paz e elevar a dignidade humana.

No começo, essa regra parece absurda. Outro versículo do Talmude narra: "O selo de Deus é a verdade".[1] Porém, para os sábios judeus, nada era mais importante do que a paz: paz na família, na comunidade e no mundo.

Às vezes manter a paz exige dizer ou não dizer as coisas que gostaríamos para preservar a dignidade da outra pessoa. Sempre compartilho essa história quando aconselho os casais que estão com problemas com seus sogros, ou uma noiva e um noivo brigando pela organização do casamento. De vez em quando, temos de fingir ou concordar com algo que achamos desagradável para manter a paz.

Uma outra maneira de pensar quando uma mentira inofensiva é permitida é lembrar do versículo inspirador da Torá: "Ame cada um o seu próximo como a si mesmo" (Levítico 19:18). Quando as pessoas procuram-nos precisando de aprovação ou apoio, precisamos considerar como gostaríamos que eles reagissem se nós estivéssemos no lugar delas. Em nossa passagem, os irmãos de José contaram uma mentira inofensiva. Eles suspeitam que seu irmão José ainda procura se vingar deles e, quando o pai morre, eles temem que José os mate. Então, os irmãos dizem a José que o pai deles Jacó lhes pediu para dizer que não os machucassem.

O problema é que não há evidência de que Jacó deu essa ordem. Mesmo assim, a Bíblia a cita, lembrando-nos que a paz dentro de uma família é algo frágil e precioso.

Deus,
Guia-me para buscar a paz onde quer que eu
esteja e com quem quer que eu esteja. Amém.

---

[1] Talmude da Babilônia, Tractate Sotah, 55a.

38

Shemot (Êxodo 1:1—6:1)

Quem sou eu?

> Moisés, porém, respondeu a Deus: "Quem sou eu para apresentar-me ao faraó e tirar os israelitas do Egito?".
>
> (Êxodo 3:11)

Alguns anos atrás surgiu um livro popular chamado *The Question Book* [O livro das perguntas]. A tese por detrás dele era que as perguntas que fazemos refletem e moldam quem somos. As perguntas não apenas se resumem em obter informações. Elas se resumem em descobrir a identidade.[1]

Essa ideia não é nova. A própria Torá usa as perguntas para ilustrar a experiência e a jornada humana. Entre os melhores exemplos dessa verdade está a resposta de Moisés quando Deus fala com ele na sarça ardente. Quando isso acontece pela primeira vez, Moisés faz uma pergunta, e não é uma pergunta

---

[1] Mikael Krogerus and Roman Tschäppeler, The Question Book: What Makes You Tick (New York: W. W. Norton, 2014).

esperada. Em vez de Moisés perguntar a Deus sobre Deus, ele pergunta, "Quem sou eu?".

A pergunta reflete a jornada de vida de Moisés. Ele nasceu como israelita, mas cresceu como um egípcio no palácio do faraó. Ele veio de um povo de escravos, mas nunca viveu na escravidão. Ele morava em Midiã, mas foi chamado para ir ao Egito. Ele se casou com a filha de um sacerdote midianita, mas era parte do povo de Israel. Então, quem é Moisés? Ele é um israelita? Um egípcio? Um midianita?

Curiosamente, Moisés jamais oferece uma resposta concreta. Ele nunca diz claramente, como o profeta Jonas mais tarde diz, que "Eu sou hebreu" (Jonas 1:9).

Contudo, ele responde ao longo da sua vida. Ele responde ao longo da sua liderança do povo, do seu desafio a Faraó e da sua paixão por justiça e por Deus.

Como Moisés, podemos ainda não saber quem somos. Podemos passar a vida inteira tentando descobrir. Mas não nos declaramos como alguém; nós nos transformamos em alguém. Descobrimos a nós mesmos através do que fazemos. O que atrai nossas paixões? Energia? Amor? Onde nos sentimos mais vivos? Steve Jobs disse notoriamente em um discurso de formatura em Stanford que ele só podia dar sentido aos acontecimentos de sua vida depois que eles aconteceram. O mesmo é verdade para cada um de nós. Não podemos entender nossa história antes do tempo. Tudo o que podemos fazer é moldar quem somos através das decisões que tomamos e das ações que fazemos. Com a ajuda de Deus, podemos nos tornar quem somos feitos para ser.

Deus,
Tu me dás o coração para descobrir quem eu sou.
Ajuda-me a abri-lo com graça. Amém.

39

Terra Santa

Tire as sandálias dos pés, pois o lugar
em que você está é terra santa.

(Êxodo 3:5)

Certa vez, ouvi uma história de um líder judeu que eu admiro. Ele estava falando diante de uma multidão de voluntários. Ele foi até o microfone, tirou os sapatos e disse: "Estou em terra santa".

O palco em que ele estava não era especificamente santo. Era uma plataforma comum em um auditório grande. Mas, disse ele, as pessoas que estavam ao seu redor faziam o espaço ser santo. Suas ações, seus compromissos e seu amor transformaram um espaço normal em um santuário divino.

Acreditar nesse tipo de transformação depende da nossa capacidade de criar espaços santos. Deus nos encheu desse poder. Quando oramos, servimos ou estudamos, estamos, de acordo com os sábios judeus, servindo como aliados de Deus. Estamos trazendo a santidade do céu para a humanidade da terra. Revelamos a presença de Deus quando agimos de modo piedoso.

Um grande rabino do século 19 ilustra essa verdade com uma pegadinha para seus alunos. Ele lhes pergunta: "Onde está Deus?" Eles respondem: "Professor, Deus está em todos os lugares".

Ele responde: "Não, diga-me, onde exatamente está Deus?".

Os alunos pareciam confusos. Eles começaram a citar versículos bíblicos mostrando que a presença de Deus enche todo os céus e a terra. O rabino continuou balançando sua cabeça. "Não", disse ele finalmente. "Deus existe onde quer que o deixemos entrar."

Às vezes, Deus parece estar escondido de nós. É fácil vê-lo em um belo pôr do sol ou no nascimento de uma criança saudável. É difícil ver Deus quando um ente querido falece ou quando nos deparamos com uma tragédia inexplicável.

Às vezes, tentamos ouvir Deus e parece que não ouvimos nada. Sentimo-nos perdidos, mas Deus existe onde quer que o deixemos entrar. De vez em quando, tudo o que ouvimos é uma voz mansa e delicada. Algumas vezes, tudo o que sentimos é o abraço de um amigo. Mas Deus está nessas situações. E quando deixamos Ele entrar, percebemos que estamos em terra santa.

Deus,
Ajuda-me a te ver toda vez que eu abrir meu
coração e ansiar por tua presença. Amém.

40

Como esquecemos rápido

> *Então subiu ao trono do Egito um novo rei,*
> *que nada sabia sobre José.*
> (Êxodo 1:8)

Toda sinagoga tem uma diretoria. Seus membros servem como líderes leigos da congregação. Eles são iguais a um grupo de anciãos da igreja ou a um conselho de administração. Toda sinagoga também conta com um presidente, que administra a diretoria e normalmente serve como peça-chave para o clero. O primeiro presidente com o qual servi junto era um homem muito sábio. Ele tinha 80 anos e tinha se aposentado como diretor executivo de uma grande empresa de embalagens. Ele me deu um conselho que espero nunca esquecer: "Não importa o que alcance e o quanto você seja bom", disse ele, "você tem que provar para si mesmo todos os dias".

No início, suas palavras pareciam severas. Seja lá o que fizermos, ele parecia dizer, nunca será o suficiente. Logo aprendi que a ideia não era essa.

O xis da questão era que as pessoas nem sempre têm uma memória boa. Em nossa economia global acelerada, onde damos um valor altíssimo para as habilidades competitivas, temos a tendência de olhar para os nossos empregados e colegas de trabalho e apenas perguntar: "O que você têm feito por mim *ultimamente?*".

O MODO PENOSO

O povo judeu aprendeu essa lição de modo penoso. José tinha salvo o Egito da escassez. Ele tinha servido ao faraó com lealdade. Os membros do povo tornaram-se cidadãos leais. Então, nas palavras da Torá, subiu ao poder um faraó "que nada sabia sobre José" (Êxodo 1:8). Ou seja, ele ignorava o que José e seu povo fizeram pelo Egito. Ele não tinha consideração pelas vidas salvas e pelas contribuições dos descendentes de José. Em vez de enxergar o povo judeu como aliado e cidadão, ele o viu como traidor em potencial. Assim sucedeu a humilhação e a escravidão.

HOJE FAZ TODA A DIFERENÇA

Felizmente, as pessoas que esquecem de nossas contribuições não vão impor tal castigo cruel. Ainda assim, todos nós vamos enfrentar momentos quando nossas ações parecerem que não valem nada. Nessas horas, precisamos lembrar que nada é em vão. Na Torá, enquanto o faraó pode não se lembrar do que os israelitas fizeram, Deus lembra. De fato, a palavra *lembrar* é repetida na Torá dezenas de vezes porque Deus se lembra de cada um de nós. Deus registra e se lembra das nossas ações. Nossa memória pode ser passageira, mas a memória de Deus dura agora e para sempre.

> *Deus,*
> *Lembra-te sempre de mim, e recorda-me das*
> *ações de meus antepassados como uma bênção para*
> *minhas próprias ações. Amém.*

41

Deus ainda está falando

> *Moisés viu que, embora a sarça estivesse em chamas, esta não era consumida pelo fogo. "Que impressionante!", pensou. "Por que a sarça não se queima? Vou ver isso de perto."*
> (Êxodo 3:2-3)

O telespectador tem a tendência de assistir aos mesmos canais e programas várias vezes. Ficamos confortáveis com um certo jornalista e com o ponto de vista das notícias, e nos sintonizamos não apenas para nos informar do que está acontecendo, mas também para termos certeza daquilo em que já acreditamos. Não é para menos que CNN, Fox News e MSNBC tendem a ter os mesmos telespectadores a cada noite.

Essa observação não é uma crítica. É simplesmente a natureza humana, comprovada por vários estudos. É uma grande surpresa ou mudança romper nossas defesas naturais e alterar nossa visão padronizada do mundo.

Tal mudança é o que testemunhamos nesse versículo da Torá. Moisés está no deserto trabalhando; ele é um pastor cuidando de suas ovelhas. Então, uma sarça começa a falar com ele. A sarça é queimada, mas não consumida. A voz na sarça o chama para mais perto. É a voz de Deus, e Ele está dizendo a Moisés para prestar atenção e ouvir.

Tal acontecimento extraordinário rompeu as defesas naturais de Moisés e preparou-o para o chamado que estava por vir. Deus precisava despertar a consciência de Moisés, trazer uma experiência admirável para que ele ouvisse e aceitasse sua única tarefa: guiar os israelitas da escravidão para a liberdade.

O que aconteceu com Moisés pode acontecer com cada um de nós: podemos descobrir nosso chamado, mas temos de estar prontos. Temos de estar abertos para recebê-lo. Temos de estar abertos para admirar.

E o que nos coloca em tal estado de prontidão? Talvez saber o que é o nascimento de uma criança, ou entender a beleza e a elegância de uma ideia, ou testemunhar as mãos de Deus nos atos dos seres humanos — cada um desses acontecimentos pode abrir nossa mente e nosso coração. Podemos começar a pensar no mundo ao nosso redor de uma nova maneira.

O segredo para crescer na fé é se manter aberto para tais experiências. Seja onde estivermos e o que estivermos fazendo, estamos sempre na presença de Deus. A sarça ardente, nas palavras dos sábios judeus, ainda está falando. Temos apenas de ouvir.

Deus,
Que meus ouvidos estejam abertos ao
trovão da tua voz, e meus olhos, para o temor
de tua presença. Amém.

42

Va'eir A (Êxodo 6:2—9:35)

O que Peter fez?

> *Mas o Senhor endureceu o coração do faraó, e ele se recusou a atender Moisés e Arão, conforme o Senhor tinha dito a Moisés.*
>
> (Êxodo 9:12)

Quando eu era criança, uma vez ou outra eu me comportava mal. Isso acontecia com mais frequência quando meus pais não estavam em casa e eu ficava com a babá.

Minha mãe retornaria e a babá contaria o que eu fiz.

Minha mãe, então, diria para mim: "Vejo que Peter está aprontando de novo. Peter comeu os bolinhos de canela. Peter jogou Frisbee dentro de casa. Por que você tem de se comportar mal, Peter? Por que não pode ser como seu irmão Evan o dia todo?".

De certo modo, de acordo com minha mãe, Evan jamais fez alguma travessura.

Tinha a mão do Peter nesse negócio.

Agora, reconheço que eu era Peter. Mas minha mãe não estava fazendo uma boa teologia judaica. Não podemos descarregar nossas partes negativas em outra pessoa. Nascemos com livre-arbítrio e nossas decisões estabelecem nosso destino. Cada um de nós é um indivíduo único, responsável por todas as nossas ações, não só daquelas que gostamos.

A vida do faraó

Vemos essa verdade na vida do faraó. No início, talvez, achamos que podemos desculpar o tratamento horrível que ele dispensou aos israelitas porque Deus endureceu o seu coração.

De acordo com os sábios judeus, entretanto, Deus não teve de fazer muita coisa. O coração do faraó já tinha sido endurecido. Sua dependência da escravidão fê-lo ser incapaz de libertar o povo.

Na verdade, seu ódio escravizou-o. Seu ódio tinha o feito prisioneiro e ele não conseguia superar. Deus dá-nos a liberdade, mas é nossa responsabilidade o modo como a usamos. Faraó abandonou aquela responsabilidade.

Às vezes, somos tentados a fazer o mesmo também. Somos tentados a colocar nossos erros nos outros, mas ficamos com todo o crédito do nosso sucesso. Porém, a liberdade e a responsabilidade caminham de mãos dadas. A liberdade de fazer escolhas exige a responsabilidade de viver com suas consequências.

Seja como Moisés

Nossa tarefa é ser mais como Moisés do que como faraó. Moisés sofreu. Ele tinha uma dificuldade de fala e teve que fugir do Egito no meio da noite. Ele nunca entrou na Terra Prometida, mas não deixou seu coração ser endurecido pelo sofrimento e pela perda. Ele não deixou a ira transformar-se em apatia ou a frustração tornar-se em medo; ele viveu com integridade e valor pela liberdade. Diferente do faraó, Moisés morreu e nem os seus olhos, nem o seu vigor se enfraqueceram (Deuteronômio 34:7).

Deus,
Tu me deste a liberdade para escolher
uma vida de responsabilidade ou fuga, liberdade
ou negação. Ajuda-me a ser responsável ao
fazer essas escolhas. Amém.

43

Meus pés estavam orando

Então o SENHOR ordenou a Moisés: "Vá dizer ao faraó, rei do Egito, que deixe os israelitas saírem do país".
(Êxodo 6:10,11)

Um dos maiores rabinos do século 20 foi um homem chamado Abraham Joshua Heschel. Nascido na Varsóvia, Polônia, ele viajou da Lituânia para a Alemanha, mal escapando do ataque violento do Holocausto. Ele se mudou para Cincinnati e depois Nova York, onde ensinou misticismo e ética judaica por 30 anos.

Entre suas muitas realizações, Heschel estava se tornando a voz judaica principal no movimento americano de direitos civis. Ele fez uma grande amizade com Martin Luther King Jr. e inspirou muito o ativismo judaico. Em 1965, uniu-se ao reverendo King na marcha de Selma até Montgomery, destacando-se na frente da marcha com sua cabeça coberta e sua longa barba grisalha. Ele parecia um profeta bíblico.

Quando voltou para Nova York para dar suas aulas no seminário, os alunos perguntaram porque ele tinha ido para Selma. Foi, segundo ele, um grande ato de fé. "Meus pés estavam orando."

A MAIOR HISTÓRIA JÁ CONTADA

O coração e os pés de Heschel tiraram a inspiração da história do Êxodo. Essa história gerou movimentos pela liberdade do Egito até Selma, na América Latina. Isso alcançou os Pais Fundadores dos Estados Unidos, que se viram deixando o Egito da Inglaterra para ir até a Terra Prometida da América. O que faz dessa história tão poderosa? Ela nos diz que Deus está do lado da liberdade. Deus não está do lado do faraó, da escravidão, do modo pelo qual tratamos os outros sendo menos do que seres humanos. Deus nos chama e nos guia em nossa busca para sermos livres porque cada um de nós é feito à sua imagem e semelhança.

Às vezes, pensamos que o conceito de liberdade nasceu nos EUA. Acreditamos que a Declaração Americana foi a primeira a proclamar que cada um de nós tem o "direito à vida, à liberdade e à busca pela felicidade". Mas a ideia é bem mais antiga do que os EUA.

Ela nasceu na Torá, no momento em que Deus soprou vida em nossos ancestrais, conduziu-os pelo mar Vermelho e guio-os até à Terra Prometida. É uma dádiva passada para nós. Às vezes, para recebê-la, temos de orar com nossos pés.

Deus,
Deixa-me louvar-te com meus pés, minhas mãos,
meus lábios e meu coração. Amém.

44

Bo (Êxodo 10:1—13:16)

Um coração de trevas

> *Moisés estendeu a mão para*
> *o céu, e por três dias houve densas*
> *trevas em todo o Egito.*
> (Êxodo 10:22)

No momento em que escrevo, minhas duas filhinhas continuam com medo do escuro. Em casa, elas têm seus próprios quartos. Porém, viajar é um problema.

A caçula não só insiste em ter um abajur, ela espalha doze deles em pontos estratégicos por todo o quarto. É uma batalha constante para chegar a um acordo com a outra filha, que só quer dormir.

Enquanto elas incomodam a mim e a minha esposa, sabemos que o medo vai passar. Muitas crianças têm medo do escuro, mas quase todas originam-se dele. As trevas são uma parte normal da vida, feita no mundo.

É TÃO RUIM ASSIM?

Então, por que as trevas foram uma das dez pragas com que Deus afligiu o Egito? Foi a nona praga, e desde que as pragas iam ficando cada vez mais severas, deu a entender que ela foi a segunda mais severa. Essa interpretação parece ser difícil de compreender. Um rio de sangue ou piolhos não eram mais prejudiciais do que as trevas?

Os sábios judeus dão uma resposta simples, mas profunda. As trevas descritas na Torá não era somente uma escuridão física; era uma escuridão espiritual onde, em suas palavras, "a pessoa não conhece seu próprio irmão". Ou seja, os egípcios perderam todo o bom senso de compaixão e empatia. O coração deles ficou cheio de trevas.

NÓS SENTIMOS O MESMO?

As trevas que sentimos podem não ser tão severas, mas a ira e o sofrimento podem escurecer nossa visão. Eles podem nos levar a ver o pior em vez do melhor nos outros. Eles podem nos fazer ver o que nos aflige, em vez de ver o que nos anima. Às vezes, o mundo parece brilhar lá fora, mas parece escuro por dentro. Não podemos fugir sozinhos das trevas. Precisamos de uma outra pessoa para acender uma chama para nós.

No Egito isso era impossível. As trevas eram onipresentes.

PODEMOS FUGIR?

Fugir das trevas não é impossível para nós. Nossa luz pode acender a do outro, porque diferente de tempo ou dinheiro, a luz jamais é um jogo de soma zero. Acender a luz do próximo não vai diminuir a nossa própria luz.

As trevas podem ser uma praga, mas nas palavras do grande rabino do século 18, Sefer Yetzirah, "a existência das trevas ressalta a luz e enfatiza o anseio por ela". Ansiamos pela luz, e juntos podemos encontrá-la.

Deus Eterno,
Que eu sempre veja tua luz e que minha
luz brilhe com toda a criação. Amém.

45

O modo como lembramos

> *Então disse Moisés ao povo: "Comemorem esse dia em que vocês saíram do Egito, da terra da escravidão, porque o* Senhor *os tirou dali com mão poderosa".*
> (Êxodo 13:3)

No meu primeiro livro, quase desisti. Depois de enviar o manuscrito para a editora, esperei com paciência. Eu tinha trabalhado duro naquele texto; até contratei um revisor profissional para corrigi-lo antes de enviar para a editora. Quando não recebi nenhuma notícia, fiquei nervoso. Minhas ligações não foram respondidas.

Finalmente, recebi um e-mail com o manuscrito editado em anexo. Não era nada lindo. Muitas frases tinham círculos vermelhos e muitos parágrafos tinham grandes Xis vermelhos. Várias páginas apresentavam a mesma extorsão: "Pare de contar e comece a mostrar. Não dê uma palestra. Conte uma história".

A lição foi válida. Eu estivera escrevendo como um professor universitário, em vez de escrever como um rabino. Aquele texto foi escrito só para o intelecto, e não para o coração. Para mim, a mudança principal foi enfatizar a história: começar a contar histórias para ilustrar verdades e ideias. As histórias são lembradas por muito tempo após os fatos serem esquecidos. A Torá revela essa verdade de forma sutil e profunda. Moisés quer garantir que as gerações futuras vão se lembrar da libertação divina dos seus ancestrais do Egito. Deus lhe diz para escrever uma história e celebrar um ritual onde essa história seria recontada todo ano. Esse ritual se tornou conhecido como Páscoa. Contamos histórias. É assim que preservamos quem somos. E é assim também que descobrimos quem somos e como conduzir a vida que devemos viver. O filósofo escocês Alasdair MacIntyre escreveu em seu livro clássico *Depois da virtude*: "Só posso responder à pergunta 'O que devo fazer?' se souber responder a outra pergunta: 'De que história ou histórias estou fazendo parte?'".[1]

A fé faz-nos lembrar de qual história fazemos parte. Para os judeus e os cristãos, somos parte da história do Êxodo, fiéis a um Deus que nos redimiu da escravidão. Essa história nos enobrece, lembrando-nos de não deixar de dar valor à liberdade e trabalhar para garantir que outros também a tenham. Ela nos faz lembrar quem nossos antepassados esperavam e sonhavam que podíamos ser. Preservamos essa história e a mantemos viva ao recontá-la, ano após ano, aos nossos filhos e netos enquanto vivermos e respirarmos.

Deus da vida,
Fizeste-me ser parte da história da vida.
Ajuda-me a viver e recontar minha história de
geração em geração. Amém.

---

[1] Alasdair MacIntyre, *After Virtue: A Study in Moral Theory* (London: Bloomsbury, 2013), p. 250.

46

Beshalach (Êxodo 13:17—17:16)

Dizendo sim quando queremos dizer não

> Contaram ao rei do Egito que o povo havia fugido.
> Então o faraó e os seus conselheiros mudaram de ideia e
> disseram: "O que foi que fizemos? Deixamos os israelitas
> saírem e perdemos os nossos escravos!".
> (Êxodo 14:5)

Meu amigo Michael se descreve como um "bajulador psíquico em recuperação".

Ele costumava ser alguém que sempre dizia sim. Aceitava quase todos os compromissos de palestras e oportunidades de voluntariado que lhe eram oferecidas. Como consequência, sua vida familiar e sua saúde foram prejudicadas.

Michael logo percebeu que aceitar uma coisa representava dizer não para outra. Ele, então, decidiu mudar seu jeito. Tem sido bem difícil: ela ainda quer dizer sim, mesmo quando tem de dizer não.

Faraó tem um problema diferente. Ele finalmente cedeu à suplica de Moisés e concordou em libertar os israelitas. Ele disse sim, mas na verdade queria dizer não. Quando os israelitas começaram a se preparar para partir, ele muda de ideia e impede-os no caminho.

De acordo com os sábios judeus, porém, o faraó nunca mudou de ideia porque jamais tinha pretendido libertar os israelitas desde o início. Ele disse sim para Moisés para se livrar dele, mas queria dizer não. Os acontecimentos seguintes confirmam essa interpretação. Mesmo quando Deus mata os primogênitos do Egito e o faraó permite que o povo arrume as trouxas e saia, ele muda de ideia após dois dias e comanda seu exército em uma busca pelo povo.

Agora, a motivação do faraó era má, mas às vezes podemos cometer o mesmo erro mesmo quando nossa intenção é boa. Dizemos sim quando devíamos dizer não porque queremos ter relacionamentos com os outros. Queremos preservar a harmonia social.

Os cientistas afirmam que temos neurônios-espelho que nos conectam com o comportamento e o desejo dos outros. Agradar os outros constrói uma coesão de grupo, mas às vezes os desejos e as opiniões do grupo podem frustrar nossas próprias necessidades. De vez em quando, o desejo do outro em dizer sim oprime a nossa própria necessidade de dizer não.

O segredo para evitar ceder é começar aos poucos. Pratique dizer não para as coisas que poderia com facilidade dizer sim e, assim, se acostumar a dizer não quando houver pressão para dizer sim.

Jamais alcançaremos a perfeição nessa busca. É por isso que meu amigo Michael se descreve como um "bajulador psíquico em recuperação". No entanto, podemos melhorar em dizer o que temos em mente e entender o que dizemos.

Deus Eterno,
Ajuda-me a fazer promessas que consigo manter e manter as promessas que faço. Amém.

47

Confiando em Deus

> *No deserto, toda a comunidade de Israel reclamou a Moisés e Arão. Disseram-lhes os israelitas: "Quem dera a mão do SENHOR nos tivesse matado no Egito! Lá nos sentávamos ao redor das panelas de carne e comíamos pão à vontade, mas vocês nos trouxeram a este deserto para fazer morrer de fome toda esta multidão".*
> (Êxodo 16:2-3)

Ensinar sobre as dez pragas não é fácil. Por que um Deus Todo-Poderoso inflige um sofrimento imenso e a morte aos egípcios? Por que eles têm de sofrer pelo que o faraó fez? E por que Deus simplesmente não liberta os israelitas e deixa as pragas para lá? Por que elas são necessárias?

Nenhum de nós pode dar uma resposta certa para essas perguntas. Os caminhos de Deus permanecem um mistério, como dito pelo rabino do século 15, Joseph Albo: "Se eu soubesse tudo a respeito de Deus, eu seria Deus". O que podemos fazer é entender as lições das pragas. Quais significados possíveis elas têm para nós hoje?

Como as pragas não deram certo

De modo paradoxal, a resposta é que enquanto as pragas davam certo por um lado, davam errado por outro. O propósito inicial das pragas era libertar os israelitas do Egito. Elas agem demonstrando ao faraó e aos egípcios que o Deus de Israel é maior que os deuses egípcios.

Entretanto, o outro propósito das pragas é incutir a fé nos israelitas. É estimular a confiança na promessa de Deus de protegê-los enquanto eles caminham pelo deserto. Nesse sentido, as pragas não deram certo.

Mal os israelitas atravessaram o mar Vermelho, começaram a reclamar por não ter água. Eles perguntam a Moisés por que Deus os tirou do Egito, só para deixá-los morrer no deserto. Eles clamavam pela comida e pelo conforto do Egito.

O que mantém nossa fé viva

O fiasco das pragas em alcançar seu segundo objetivo dá uma lição para todos nós. Os milagres são ótimos para inspirar, mas não podemos depender deles para nos sustentar.

A fé depende de hábitos diários — tais como oração, estudo bíblico e comunhão. Podemos recordar aquele grande provérbio: "Dê um peixe a um homem e você o alimentará por um dia. Ensine-o a pescar e você o alimentará por toda a vida".

Da mesma forma, dê-nos um milagre e acreditaremos por um dia. Ensina-nos a ver os milagres no dia a dia e acreditaremos por toda a vida.

Deus,
Teus milagres transbordam ao meu
redor. Abre os meus olhos para vê-los em
todos os momentos. Amém.

48

O que Deus pede a nós

Ao aproximar-se o faraó, os israelitas olharam e avistaram os egípcios que marchavam na direção deles. E, aterrorizados, clamaram ao SENHOR.

(Êxodo 14:10)

Vários anos atrás, fui convidado para servir como rabino em uma viagem para Israel. Os participantes eram todos homens que estavam ativos na comunidade judaica de Chicago. Eles tinham escolhido um único nome para o grupo: *Nachshon*.

De acordo com os sábios judeus, *Nachshon* foi o nome do primeiro israelita a caminhar e atravessar o mar Vermelho.[1] Quando ele começou a caminhar, o mar ainda não tinha sido aberto. Os israelitas estavam aterrorizados de que o exército egípcio que se aproximava os levasse para o mar e os afogasse. Eles clamaram a Deus, mas nada aconteceu.

Então Nachshon caminhou para o mar. Ele caminhou até a água bater na altura dos seus olhos. Assim Deus abriu o mar e o povo atravessou em segurança.

---

[1] Talmude da Babilônia, Tractate Sotah, 37a.

Agora vemos porque o grupo escolheu o nome *Nachshon*. Ele era exemplo de fé e coragem. Ele colocou seu medo de lado e agiu quando ninguém mais agiria. Sem sua coragem, os israelitas talvez nunca tivessem atravessado o mar.

DEUS NÃO AGE SOZINHO

Nachshon também nos ensina mais dessa verdade sutil. Deus nem sempre age sozinho. Às vezes, como diz o ditado, não podemos "entregar nas mãos de Deus". Deus está esperando que demos o primeiro passo.

Descobrir quando agir e quando esperar não é fácil. Como Nachshon sabia que não ia se afogar? E como sabermos a diferença entre coragem e imprudência?

A verdade é que jamais saberemos com antecedência. *O que realmente sabemos é que Deus está conosco.* Sabemos que Deus tem fé em nós, em nossa capacidade de agir e transformar a nós mesmos e o mundo.

DEUS PRECISA DE NÓS

Talvez você lembre da história de um homem preso em uma enchente. Primeiro veio um amigo e disse: "A tempestade está chegando. Vamos". O homem respondeu: "Não, Deus vai me salvar".

Daí começou a enchente e um bote se aproximou para resgatá-lo. Ele respondeu: "Não, Deus vai me salvar". A enchente logo subiu à altura do telhado e um helicóptero se aproximou para pegá-lo. Ele respondeu: "Não, Deus vai me salvar". Logo ele morreu na enchente.

Quando chegou ao céu, ele disse: "Eu tive fé. Eu acreditei. Eu orei. Por que tu não tentaste me salvar?". E Deus respondeu:

"Primeiro, enviei um amigo. Depois, enviei um bote. Por fim, enviei um helicóptero. Eu tentei, mas você simplesmente não reagia!". Às vezes, Deus nos chama não só para crer, mas também para agir.

*Deus Eterno,
Sei que não é fácil. Dá-me sabedoria para saber quando ficar calmo e quando agir. Amém.*

49

Sentindo uma nova força

*Então Moisés e os israelitas entoaram
este cântico ao S<small>ENHOR</small>: "Cantarei ao S<small>ENHOR</small>,
pois triunfou gloriosamente!".*
(Êxodo 15:1)

Após palestrar em inúmeras igrejas pelo país, cheguei à triste conclusão de que os cristãos cantam melhor que os judeus. Sei que isso não é uma observação politicamente correta, mas reflete minha experiência. (Minha mãe, que canta no coral da nossa sinagoga, é uma exceção!)

Um dos problemas do canto judaico é que a maioria das músicas estão em hebraico. Como muitos judeus americanos não conhecem hebraico, eles nem sempre acertam as palavras, ou pelo menos a ordem certa. O que geralmente acontece é que os cantores em uma seção dos bancos estão cantando uma parte da canção, e os outros na outra seção estão cantando uma parte diferente, tudo ao mesmo tempo. Colocar as palavras em um letreiro digital ajudou, mas o problema parecia característico.

Eu, porém, encontro conforto em saber que esse problema não é novo. A Torá narra que, quando os israelitas ganharam a liberdade, eles romperam em cânticos, cantando os versículos da Torá conhecido como "A canção do mar".

Entretanto, os sábios judeus fizeram uma pergunta importante: Como todos sabiam as palavras certas? De acordo com estimativas conservadoras, havia 1,2 milhão de israelitas atravessando o mar. Como pode todos eles saberem cada palavra da canção? Não houve ensaio. Não houve cópias para serem distribuídas para todos memorizarem com antecedência. Todos surgiram espontaneamente com as mesmas palavras exatas para cantar?

Claro, a resposta é que foi um milagre. Deus uniu as vozes discrepantes para gerar uma canção de liberdade.

Para os antigos israelitas — e para nós —, a música é a linguagem da alma. Ela tem o poder milagroso de nos elevar quando estamos tristes e unir-nos quando nos separamos. No judaísmo, nós não apenas lemos as palavras da Torá. Nós as cantamos, acrescentando nossas vozes aos milhões que nos antecederam.

No manuscrito para o terceiro movimento de um dos quartetos finais, Ludwig van Beethoven escreveu as palavras *Neue Kraft Fühlend*, "Sentindo uma nova força". Quando nossas vozes se unem em uma canção — afinadas ou desafinadas —, sentimos essa força.

Deus da canção,
Fizeste-me com uma voz para cantar e te louvar.
Que eu a use com sabedoria e alegria. Amém.

50

Yitro (Êxodo 8:1—20:23)

As apresentações

*Eu sou o S*ENHOR*, o teu Deus, que te tirou
do Egito, da terra da escravidão.*

(Êxodo 20:2)

Um palestrante convidado na igreja, ou na sinagoga, ou em um programa secular é geralmente precedido de uma apresentação. Essas apresentações acontecem até quando todos conhecem o indivíduo. Ainda mais intrigante, muitas vezes as biografias são impressas em um folheto. Por que precisamos tomar tempo para uma apresentação formal?

Talvez um motivo sejam as boas maneiras. Uma apresentação mostra respeito pelo palestrante. Um outro motivo mais sutil é a autoridade. Uma biografia dá mais credibilidade ao que o palestrante fala. Demonstra que sua mensagem vem do conhecimento e da experiência. Levamos mais a sério as ideias quando sabemos a fonte.

Estabelecer a autoridade é o que Deus faz no começo dos Dez Mandamentos. "Eu sou o SENHOR, o teu Deus, que te tirou do Egito, da terra da escravidão." Essas palavras constituem o primeiro mandamento, de acordo com a numeração judaica dos Dez Mandamentos. (Judeus, católicos romanos e protestantes, cada um deles têm uma leve diferença ao numerar os Dez Mandamentos.)

O que é notável nesse versículo é que ele não é estritamente um mandamento. Deus não está dizendo o que fazer ou não fazer. Deus está só dizendo quem Ele é.

Ao se apresentar assim, Deus está nos impelindo a levar as próximas palavras à sério. Mas Deus também está expressando algo ainda mais importante: *geralmente, vivemos nossa vida como se a maior autoridade fosse nós mesmos.* Temos o *meu* iPhone, *meu* iPod, *meu* iPad... É uma vida centrada no "eu". É fácil ouvirmos a nós mesmos; achamos mais difícil ouvir Deus.

Ao fazer essa declaração no começo dos Dez Mandamentos, Deus faz-nos lembrar de que essas palavras vêm de um ser muito superior a nós. Deus diz "Eu sou o Senhor" porque às vezes pensamos que nós somos os senhores. Deus manda que ouçamos à sua voz porque muitas vezes ouvimos só a nossa própria voz. Este é o paradoxo: ao ouvir uma voz exterior, descobrimos a voz interior, a voz da consciência, da bondade, do amor. E assim entendemos que quando Deus ditou os Dez Mandamentos milhares de anos atrás, Ele continua falando-os hoje.

Deus Eterno,
Deixa-me ouvir tua voz com entendimento e
clareza, agora e para sempre. Amém.

51

A fileira de trás

> *Moisés levou o povo para fora do acampamento, para encontrar-se com Deus, e eles ficaram ao pé do monte.*
>
> (Êxodo 19:17)

Vários membros em minha sinagoga sempre se sentam na fileira de trás. Não faz diferença se os bancos estão cheios ou quase vazios. Eles ainda se sentam lá atrás.

No começo, isso me deixava chateado. Será que eles se sentavam lá porque assim podiam fugir mais rápido? Ou talvez eles gostem de ignorar o culto e tirar uma soneca? Mas então um colega rabino mais velho sugeriu que nenhuma explicação era razoável.

Ele disse que muitos se sentam lá atrás porque isso trazia um senso de perspectiva. Nem todos vêm ao culto para ver ou serem vistos. Alguns apenas vêm para sentir a presença de Deus e sentirem-se parte de algo maior do que eles mesmos. Sentar-se silenciosamente nos fundos de um santuário grande traz a perspectiva de humildade e admiração, permitindo-nos apreciar o Deus Todo-Poderoso falando ao nosso redor.

Os antigos israelitas foram forçados a se sentar equivalente aos bancos da fileira de trás durante a revelação da Torá no monte Sinai. Em vez de subirem o monte ou mesmo irem até a metade do caminho, os israelitas ficaram ao pé do monte. Eles nem sequer podiam tocar no monte sob pena de morte. A explicação rabínica tradicional era que a santidade divina fluindo pelo monte era como uma corrente elétrica poderosa. Um ser humano não podia aguentar seu poder. Mas talvez o mandamento de ficar ao pé do monte também sirva para definir os parâmetros do nosso relacionamento com Deus. Estamos perto do Senhor. Nossos ancestrais ouviram a voz de Deus no monte Sinai e nós ouvimos pela Palavra de Deus. Até agora, Deus também está acima e ao nosso redor, transcendendo e enchendo todo o universo.

Um belo poema do rabino Chaim Stern resgata essa verdade, narrando: "Deus, tu estás tão perto de nós como o respirar, porém tão longe como a estrela mais distante".[1] A oração é o modo como superamos essa tensão e vivenciamos essa verdade. Quando falamos com Deus, Ele fala conosco.

> *Deus Eterno,*
> *Que as palavras dos meus lábios e do meu coração*
> *te alcancem em amor e temor. Amém.*

[1] Chaim Stern, ed. *Gates of Prayer* (New York: CCAR, 1975), p. 180.

52

A sabedoria que vem de lugares inusitados

> Jetro, sacerdote de Midiã e sogro de Moisés, soube de tudo o que Deus tinha feito por Moisés e pelo povo de Israel, como o SENHOR havia tirado Israel do Egito.
>
> (Êxodo 18:1)

Os sábios judeus dividiram a Torá em 54 seções. O nome de cada seção é sua primeira palavra relevante. Essa convenção de nomenclatura leva a alguns pares incomuns. A parte da Torá na qual o patriarca Jacó morre se chama "E Jacó viveu".

Alguém pode pensar que os sábios abririam uma exceção para a seção da Torá com os Dez Mandamentos. Não podemos ao menos chamar essa seção de "Os Dez Mandamentos"? Os sábios discordavam.

A primeira palavra relevante na seção da Torá na qual os Dez Mandamentos aparecem é *Yitro*, que é a versão hebraica do nome Jetro. Jetro é o sogro de Moisés, um não israelita e sacerdote em Midiã. A fundação do monoteísmo aparece na seção da Torá nomeada por um sacerdote pagão.

Há algo que podemos aprender desse par inusitado? Certamente. Jetro não é um reles sacerdote pagão. Ele é uma fonte de sabedoria e direção para Moisés e para os israelitas.

É Jetro quem diz a Moisés como organizar tribunais e solucionar as disputas entre o povo. É Jetro quem diz a Moisés como permanecer sendo um líder sem entrar em um colapso nervoso. É Jetro que comemora o sucesso de Moisés e incentiva-o a continuar.

Jetro simboliza a sabedoria, e a sabedoria não é somente para um povo ou religião em particular. A sabedoria pode ser encontrada em todos os povos e em todo lugar.

Pode parecer senso comum, mas não é normalmente conhecido. Temos a tendência de sermos impressionados pela sabedoria, ou riqueza, ou sucesso. Damos grande valor ao conselho de alguém que é um PhD ou um diretor executivo do que a um balconista ou um barista. Às vezes, até justificamos nosso comportamento, mas a sabedoria geralmente vem de lugares inusitados.

Uma das primeiras pessoas que me disse que eu devia me tornar um rabino era um zelador em uma escola primária que eu frequentava em Houston, Texas. Ele sabia antes de todos.

Em uma seção do Talmude conhecida como "Sabedoria de nossos pais", os sábios perguntaram: "Quem é sábio?". A resposta: "Aquele que aprende com todas as pessoas". Graças a Deus isso é verdade.

Deus,
Ajuda-me a aprender com todas as pessoas,
seja onde eu as encontrar. Amém.

53

Mishpatim (Êxodo 21:1—24:18)

Deus está nos detalhes

> *São estas as leis que você proclamará ao povo.*
> (Êxodo 21:1)

A primeira sinagoga que servi estava localizada em uma construção projetada pelo renomado arquiteto Dirk Lohan. Seu avô, Mies van der Rohe, estava entre os arquitetos mais influentes do século 20.

Em uma reunião, Dirk interrogou-nos sobre o tamanho, a cor e a textura dos candelabros que usávamos ao acender as velas do Sabbath durante o culto. Ele queria ter certeza de que elas combinavam com a arquitetura da construção. Depois que respondemos, ele nos contou uma história sobre um outro arquiteto, Norman Foster, que projetou uma construção para uma faculdade e insistia em administrar cada detalhe do projeto ao estilo e tamanho da prataria. Dirk, então, citou seu avô. "Deus", disse Mies van der Rohe, "está nos detalhes".

Deus não só está nos detalhes, mas também se importa com eles. Essa é a mensagem desta seção da Torá. Depois da revelação majestosa dos Dez Mandamentos no monte Sinai, encontramos uma declamação de várias leis que lidam com o gado, as práticas de agricultura, a construção do Tabernáculo e assim por diante. Parece que fomos do sublime para o mundano, como sair da leitura da Declaração da Independência para vasculhar a provisão de um código de trânsito local.

Uma verdade magnífica é transmitida aqui: a justiça é mais do que uma ideia abstrata. Ela se expressa pelo modo como vivemos, ou seja, as obras que fazemos expressam a fé que temos.

Todos precisam lembrar essa verdade. Se dizemos aos nossos filhos que os amamos enquanto olhamos para os celulares, eles podem se perguntar se realmente falamos sério. Se cremos que cada pessoa é criada à imagem de Deus e então denegrimos alguém ou fofocamos sobre os outros pelas costas, podemos legitimamente questionar a firmeza das nossas convicções. Temos de agir dentro da nossa visão e com fé para realizá-la.

Os sábios judeus expressavam essa verdade através de um ensinamento maravilhoso que destacava a ligação entre o comportamento e os nossos ideais mais elevados: "A diligência leva à purificação, e a purificação leva à pureza, e a pureza leva à abstinência, e a abstinência leva à santidade, e a santidade leva à humildade, e a humildade leva ao abandono do pecado, e o abandono do pecado leva à santidade, e a santidade leva à dádiva do Único Santo".[1] Para essa frase, podemos apenas dizer amém.

Deus,
Deixa-me sentir tua presença em cada
detalhe da vida, do maior ao menor aspecto
e tudo o que há nela. Amém.

[1] Mishnah Sotah, capítulo 9, v. 15.

54

A Bíblia permite ter escravos?

*Se você comprar um escravo hebreu,
ele o servirá por seis anos. Mas no sétimo ano
será liberto, sem precisar pagar nada.*

(Êxodo 21:2)

Às vezes, as crianças fazem perguntas que os adultos estão se perguntando, mas têm medo ou vergonha de perguntar. Os adultos geralmente sentem que deviam saber as respostas ou se sentem envergonhados pela pergunta.

Quando me reúno com as famílias para discutir esta seção da Torá, são as crianças que inevitavelmente fazem a pergunta chocante: Por que a Torá permite ter escravos? Na época desse texto, os israelitas tinham acabado de ser libertos de um ciclo de escravidão que durou quatrocentos anos. Deus tinha exigido a liberdade do povo, punindo seus escravizadores com dez pragas horríveis. E agora eles vão prosseguir e ter escravos? Como Deus pode permitir isso?

A resposta não é fácil. A Torá não aprova a escravidão. Ela tomou seu lugar em uma era histórica na qual a escravidão era aceita sem discutir. Deus liberta os israelitas da escravidão do faraó, mas os israelitas ainda são servos de Deus.

A Torá, porém, nos ensina que a escravidão é, no fim das contas, errada. Nenhum ser humano deve ser escravizado por outro. Sabemos dessa verdade porque não havia escravos no jardim do Éden, que é a versão bíblica do mundo perfeito.

Além disso, o quinto dos Dez Mandamentos exige que os escravos também tenham um descanso completo aos sábados. Os escravos não eram inferiores aos seres humanos. Na Torá, eles eram indivíduos que eram forçados, seja lá por qual motivo, para se entregarem e trabalharem para outra pessoa.

Por que Deus simplesmente não aboliu a escravidão após o Êxodo? Porque os seres humanos não estavam preparados para isso. Vamos lembrar que a escravidão não foi abolida nos EUA até a Guerra Civil nos anos de 1860! É mais que três mil anos depois da Torá. Realizar nossos maiores ideais humanos leva tempo.

Os sábios judeus ensinavam que a Torá é um livro tanto de evolução como de revolução. Deus age através dos seres humanos, e *às vezes, o que Deus deseja leva muito tempo para descobrirmos.* Quando olhamos ao mundo ao redor hoje e vemos a desumanidade que ainda nos atormenta, sabemos que ainda estamos tentando descobrir tudo.

*Deus,
Tu me dás a verdade sagrada. Ajuda-me a viver e agir por ela a cada dia da minha vida. Amém.*

55

Ajudando nossos inimigos

> *Se você vir o jumento de alguém que o odeia caído sob o peso de sua carga, não o abandone, procure ajudá-lo.*
>
> (Êxodo 23:5)

Poucos anos, atrás fui apresentado à palavra alemã *Schadenfreude*, que significa "ter prazer na desgraça do próximo". É igual a rir com malícia e dizer "Bem feito para ele!" quando algo ruim acontece com alguém que fez algo maldoso para nós.

Schadenfreude fala às nossas emoções humanas básicas. É da mesma família de emoções que o desejo por vingança, a qual os psicólogos evolucionistas dizem é uma das nossas emoções mais primitivas. É também uma das mais destrutivas. A vingança pode gerar um ciclo interminável de violência, onde cada ato leva à uma outra reação.

Um dos propósitos centrais da Torá é nos refinar e enobrecer-nos como seres humanos. É sustentar a vida em vez de destruí-la. Assim, a Torá ajuda a nos ensinar a canalizar a energia por trás das emoções que nos magoam e destroem a vida para atividades que melhoram nossa vida e a dos outros.

Um dos métodos que a Torá usa para tentar pôr em prática tal ideal é esse versículo específico. Nosso inimigo precisa da nossa ajuda. Ajudamos ou passamos longe com um sorriso no rosto?

O texto, como esperaríamos, exige que ajudemos. Como a parábola do bom samaritano, ela nos encoraja a substituir a hostilidade pela preocupação. Porém, na interpretação desse versículo, os sábios judeus não o tornaram tão simples.

Eles reconheciam a tentação do *Schadenfreude*. Uma parte de nós quer passar longe e dizer "ele está recebendo o que merece". Essa é a parte do nosso cérebro que os neurocientistas chamam de lobo límbico.

O que conta nesse lobo límbico é o que os sábios judeus chamam de *yetzer hatov*, a parte mais elevada de nós, a tendência humana de se importar e colaborar em vez de se isolar e destruir. A Torá sustenta o *yetzer hatov*. Ela nos treina para ouvir e segui-lo, em vez de ceder ao instinto do *Schadenfreude*. Pense nas pessoas da sua família ou do seu trabalho que podem ter lhe magoado. Você iria comemorar se eles se magoassem? Seja sincero. Parte de nós certamente é tentada a comemorar.

Contudo, mesmo há três mil anos, Deus nos ensinou que somos superiores a essa emoção. Alguém que ama Deus não pode simplesmente deixar uma outra criatura de Deus sofrer.

Deus,
Por favor, dá-me um coração grande o suficiente
para amar todas as tuas criaturas. Amém.

56

Terumah (Êxodo 25:1–27:19)

Os talentos constroem uma comunidade

> Disse o SENHOR a Moisés: *"Diga aos israelitas que me tragam uma oferta [...] E farão um santuário para mim, e eu habitarei no meio deles".*
>
> (Êxodo 25:1,8)

Se você já participou de uma conferência religiosa ou profissional, está bem familiarizado com os quebra-gelos. São jogos ou uma série de perguntas feitas para ajudar as pessoas a ficarem confortáveis umas com as outras. As perguntas podem instigá-lo a compartilhar uma história engraçada do Ensino Fundamental, seu filme favorito e assim por diante.

Confesso que não sou um grande fã de tais quebra-gelos. Embora eu veja seu propósito, parecem ser muito superficiais. Com a direção da experiência dos antigos israelitas, podemos aprender uma técnica bem melhor para incentivar a comunidade. Ficamos confortáveis e ligados uns aos outros quando fazemos algo juntos. Um projeto em conjunto nos une mais do que qualquer série de cinco ou dez perguntas. Moisés sabe bem essa verdade. Os israelitas tinham acabado de ser libertos do Egito. Eles ainda são um povo rebelde, dividido em doze tribos. Por causa de um dos primeiros incidentes no Êxodo — quando Moisés se depara com dois israelitas brigando um com o outro no campo —, sabemos que eles nem sempre se relacionavam bem. E sabemos, pelas histórias de Gênesis, que os conflitos entre as tribos existiam desde o nascimento de seus xarás.

A jornada pelo deserto será difícil, e os israelitas precisam de unidade de propósito e hábitos de cooperação para sobreviverem. Então, Moisés os convida para trabalharem juntos em um projeto compartilhado de construir o *miskkan*, um Tabernáculo portátil, onde eles poderão se reunir, orar e sentir a presença de Deus no deserto.

Cada indivíduo contribui, com alguns construindo o altar, outros colocando as estacas, e ainda outros tecendo o pano para enfeitar a arca. Todos participam. No fim do livro de Êxodo, as doze tribos são forçadas a viajarem juntas como um povo único.

Deus fez o mundo para ter diversidade. Todos nós temos habilidades e interesses diferentes. O modo de formar comunidades fortes é aproveitar essas diferenças e usá-las em projetos em conjunto. Quais talentos únicos você traz para a sua igreja, sinagoga, família ou comunidade? Quando você traz esses talentos e trabalha neles, você ajuda a fazer cada uma das comunidades mais forte e duradoura.

Deus,
Tu me criaste para ter relacionamentos.
Que meus talentos se unam com toda a
criação para tua glória. Amém.

57

As pessoas que nos elevam

*E farão um santuário para mim,
e eu habitarei no meio deles.*

(Êxodo 25:8)

Um dos membros mais sábios da minha sinagoga me fez uma pergunta desafiadora: se Deus está em todos os lugares, por que precisamos de sinagogas? Nós não podemos simplesmente nos reunir em casa ou em um parque e adorar ali? Por que precisamos de um templo especial dedicado a Deus?

Respondi que ele estava certo. Falando francamente, não precisamos de sinagogas. (Não gosto de repetir isso muito porque a sinagoga é a fonte do meu salário.) Mas Deus deixa claro desde a construção do primeiro santuário portátil no deserto que ele *não* é absolutamente necessário.

Preste atenção na gramática neste versículo: "Farão um santuário para mim, e eu habitarei *no meio deles*". Deus não diz: "faça para mim um santuário, e eu habitarei *dentro dele*". Pelo contrário, Deus diz: "*no meio deles*". Deus habita em meio ao povo que se reúne, ora e serve junto. Deus habita em meio ao povo, não dentro de uma construção.

Agora, antes de prosseguirmos e decidir que podemos encontrar Deus nas manhãs de domingo no estádio de futebol ou no shopping center onde muitas pessoas se reúnem, precisamos lembrar da função de uma casa de adoração. Ela nos une para um propósito sagrado. Deus não precisa da igreja ou da sinagoga. Mas *nós precisamos*. Assim como as estrelas são mais visíveis à noite, a presença de Deus pode ser sentida mais intensamente em um espaço sagrado, um que dá lugar para encontrar-nos com o Divino.

E parte de fazer esse espaço sagrado é a presença dos outros. Às vezes, precisamos orar sozinhos; outras, porém, precisamos dos outros para nos tirar do individualismo.

Lembro-me de um feriado judaico quando o desgaste de liderar o culto de louvor tinha me atingido. Era o Dia da Expiação quando passamos o dia inteiro na sinagoga. Também jejuamos o dia inteiro.

A combinação do esforço e da falta de alimento esgotou meu corpo e meu espírito. Então, um dos membros simplesmente pôs sua mão em meu ombro. Aquele gesto deu-me uma nova energia. Percebi que não era só orar a Deus, eu estava ajudando a elevar as orações de toda uma comunidade. Aquilo me deu a força de que eu precisava.

Deus,
Às vezes eu te ouço diretamente. Outras vezes, eu
te ouço nas vozes dos outros. Sou tão grato por essas
vozes que me dás. Amém.

58

O segredo da riqueza

> *Disse o* SENHOR *a Moisés: Diga aos israelitas que me tragam uma oferta. Receba-a de todo aquele cujo coração o compelir a dar.*
>
> (Êxodo 25:1-2)

Muitos museus nos EUA cobram a entrada. Contudo, poucos sugerem uma "doação simbólica". Pode parecer uma contradição "pedir" e "sugerir" ao mesmo tempo, mas funciona. Se estiver escrito em uma placa ao lado "5 dólares de doação para a entrada", as pessoas tendem a doar. Essa prática combina a necessidade de manter a responsabilidade fiscal com o apoio da comunidade.

Ela também atinge um desejo profundo em nós: ansiamos em dar. O antropologista Lewis Hyde escreveu sobre esse desejo que ele viu em várias culturas. Dar presentes, ele ressalta, aumenta a conexão social e aprofunda os relacionamentos. Dar gera um novo tipo de riqueza.[1]

---

[1] Lewis Hyde, *The Gift: Creativity and the Artist in the Modern World* (New York: Vintage, 2007).

Deus usa essa verdade para aprofundar os relacionamentos entre os israelitas. Através da doação voluntária, eles constroem uma comunidade cheia da riqueza da santidade.

A palavra hebraica para presente — *terumah* — também significa "melhorar". O que é extraordinário a respeito de dar é que esse gesto não só beneficia o receptor, mas também eleva o doador. Não apenas faz nos sentirmos melhor; eleva-nos a um sentido maior de vocação. Chegamos mais perto de Deus. Também exercitamos um músculo psicológico e desenvolvemos a capacidade de dar mais. Quanto mais o usamos, mais forte ele fica.

Vi um exemplo dessa verdade certa vez em um homem que foi inspirado a doar um pergaminho da Torá para usar em um seminário cristão local. Ele acreditava que os cristãos deviam ter a oportunidade de estudar e saber o que é um pergaminho sagrado da Torá. A alegria que os alunos sentiram ao receber aquele presente elevou o espírito deles e deu ao homem um sentido de propósito mais profundo. Ele doou um pergaminho para um outro seminário e, enquanto escrevo aqui, ele doou mais de vinte pergaminhos da Torá para seminários cristãos pelo mundo.

Percebemos que a Torá não relata qual presente exato devemos dar. Essa é nossa tarefa. Precisamos nos perguntar o que podemos dar. Quais presentes podemos dar para a nossa família? Quais presentes podemos dar para a nossa comunidade? Quais presentes podemos dar para a nossa igreja ou sinagoga? Quais presentes podemos dar ao mundo? Quando descobrimos a resposta para essas perguntas, saberemos, independentemente de quanto dinheiro temos em nossa conta bancária, como é se sentir verdadeiramente rico.

Deus,
Tu derramas em mim as dádivas. Ajuda-me a
derramá-las nos outros. Amém.

59

Tetzaveh (ÊXODO 27:20–30:10)

É preciso ser necessário

> Diga a todos os homens capazes, aos quais dei habilidade, que façam vestes para a consagração de Arão, para que me sirva como sacerdote.
>
> (Êxodo 28:3)

Antes dos rabinos terem celulares, Jack Riemer costumava ligar para a sua congregação todo dia sempre que estava fora da cidade. Ele queria ver se quaisquer questões ou necessidades tinham surgido. "Eu tinha uma pontinha de tristeza", escreve ele, "quando nada tinha acontecido. Percebi que eu nem sempre era necessário".[1]

Sua honestidade é revigorante. Quem tem as profissões de "ajudadores" — clero, conselheiros, doutores e assim por diante — ama ser necessário. Alguns *precisam* ser necessários. Mas uma das lições da Torá é que ninguém é indispensável. Somente Deus é.

---

[1] Jack Riemer, um sermão compartilhado no Facebook.

A Torá ensina essa lição de modo sutil. A passagem da Torá desta semana é marcante pelo que falta. Moisés não está em lugar nenhum. Esta seção da Torá é a única de Êxodo a Deuteronômio onde o nome de Moisés não é mencionado. O foco está em Arão e nas responsabilidades do sumo sacerdote.

Nós nos sentiríamos insultados ou menosprezados se estivéssemos no lugar de Moisés? Sentimos que é preciso ser necessário? Ficamos decepcionados quando nossos filhos, amigos ou nossos pais idosos realmente não precisam da nossa ajuda ou de nossos conselhos? Em caso afirmativo, podemos extrair um pouco de inspiração de Moisés.

Parece que Moisés fica aliviado quando Deus lhe dá um descanso. Ele precisa de tempo para se recarregar e recuperar a perspectiva e visão necessárias para a liderança. Como lemos anteriormente, a reclamação do povo o havia esgotado e ele foi forçado e receber conselhos de seu sogro Jetro para aliviar o fardo. Moisés nem sempre precisou ser necessário. Nem nós precisamos. Na verdade, o que precisamos mais do que tudo é sermos nós mesmos e liderarmos com nossos dons únicos. É contada uma história sobre um rabino chamado Zusya. Enquanto estava morrendo, ele tremia de medo. Os alunos perguntaram-lhe: "Rabino Zusya, por que você está com medo? Está com medo que Deus lhe pergunte: 'Zusya, por que você não foi mais parecido com Moisés?'".

"Não", respondeu Zusya, "estou com medo que Deus me pergunte: 'Por que você não foi mais parecido consigo mesmo?'".

Deus Eterno,
Tu tens me dado tudo o que eu preciso. Que eu
sempre saiba que isso basta. Amém.

60

Um só coração

Chame seu irmão Arão e separe-o dentre os israelitas, e também os seus filhos Nadabe e Abiú, Eleazar e Itamar, para que me sirvam como sacerdotes.

(Êxodo 28:1)

Como irmão mais jovem, sempre pensei que meus pais prefeririam minha irmã mais velha porque ela era mais madura e responsável. Ela reclama que sempre pensou que eles preferiam a mim porque eu era mais jovem. Apesar desses sentimentos e de nossas diferenças relevantes nas habilidades e nos interesses, nós nos relacionávamos bem. O segredo era o respeito e a aceitação.

Nosso relacionamento é uma exceção para aqueles da Torá. O livro de Gênesis, por exemplo, está cheio de rivalidade entre irmãos. Caim mata Abel. Ismael é expulso quando nasce Isaque. Jacó e Esaú ficaram afastados por vinte anos — até chegar ao livro de Êxodo, em que vemos um relacionamento saudável de irmãos onde eles trabalham juntos muito bem. É a relação entre Moisés, Miriã e Arão.

Esses irmãos tinham bons motivos para terem ciúmes entre eles. Deus escolhe Moisés para levar os israelitas para fora do Egito. À primeira vista, parece que Arão é mais qualificado.

Ele é articulado, enquanto Moisés tem um problema na fala. Ele também é mais velho e esteve no Egito enquanto Moisés esteve em Midiã. Escolher Moisés como líder pode ter sido, para Arão, como um tapa na cara vindo de Deus. Miriã, por sua vez, salvou a vida de Moisés e garantiu que ele crescesse no palácio do faraó.

Até agora, apesar da escolha de Deus, quando Moisés volta de Midiã e os irmãos se reúnem, Arão e Miriã recebem Moisés com carinho. Arão se torna o porta-voz de Moisés, dizendo "Deixe meu povo ir" para Faraó.

Apesar de ser escolhido por Deus para liderar o povo, Moisés tinha motivos para invejar Arão. Deus faz de Arão o sumo sacerdote, uma posição que os sábios acreditam que Moisés desejava. E Arão era amado pelo povo, enquanto Moisés era temido.

Até agora, Moisés e Arão aceitaram um ao outro e trabalharam juntos de modo extraordinário: eles permaneceram unidos quando confrontavam o faraó. Eles abordavam os israelitas como sendo uma única voz. Eles faziam milagres juntos. Seus pontos fortes se complementavam.

A rivalidade entre irmãos não é inevitável. Na verdade, através de Moisés e Arão, a Torá expressa a verdade que irmãos podem atingir um relacionamento de profundidade única.

Quando Moisés e Arão se encontram com o faraó, a Torá geralmente se refere a eles com o pronome no singular, "ele". Os rabinos sugeriram que eles tinham se tornado um só coração. A tensão criativa deles gerou um conjunto único.

Deus,
Tu nos unes. Que aceitemos e fortaleçamos
uns aos outros. Amém.

61

O que nossas roupas dizem sobre nós

*Para o seu irmão Arão, faça vestes sagradas
que lhe confiram dignidade e honra.*
(Êxodo 28:2)

Poucas semanas depois que comecei a servir em minha primeira sinagoga, um membro mais velho veio me ver. "Rabino", disse ele, "gostaria de levá-lo às compras. Você é um palestrante e professor maravilhoso, mas não se parece com um rabino. Vamos comprar um blazer azul, algumas calças acinzentadas, um terno azul-marinho e três camisas brancas".

No começo, fiquei um pouco chateado. Eu achava que minhas roupas eram boas. Claro, às vezes minhas camisas ficavam amassadas, mas isso tem importância? Eu era um líder espiritual, e não um advogado no tribunal ou um banqueiro de investimentos tentando impressionar os clientes. Mas decidi satisfazer meu colega e ir.

Como era de se esperar, uma semana depois fomos ao varejo masculino Joseph A. Bank, e meu amigo me ajudou a ter um novo guarda-roupa. Se minha gravata estivesse torta, era certo que esse homem (ou um de seus amigos) iria arrumá-la para mim. Logo, vestir-se como um rabino tornou-se um hábito e meu amigo sempre me dava um sorriso quando me via usando um terno recém-passado.

Minha hesitação inicial veio de preconceitos. Eu achava que as roupas eram insignificantes. Sim, no panorama das coisas, é possível que as roupas não sejam importantes para Deus. Mas elas são importantes para nós. Nossas roupas são importantes pelo modo como somos vistos e, gostemos ou não, as pessoas julgam nossa seriedade pela nossa vestimenta. O tipo de ambiente que criamos é moldado pelas roupas que vestimos. Os tipos de emoções que causamos nos outros dependem, em certa medida, do modo que eles nos veem.

Essa verdade ajuda a explicar as descrições detalhadas do que os sacerdotes israelitas vestiam. A vestimenta reflete a profissão deles. Ela irradia santidade e devoção a Deus. Ela fazia o povo se lembrar das obrigações às quais os sacerdotes tinham dedicado a vida. Ela não expressava superioridade, mas estimulava a santidade.

Diferente do Israel antigo, a tendência da nossa cultura é contra a formalidade. Preferimos conforto à tradição. Entretanto, talvez estejamos perdendo algo no processo. Talvez a santidade não seja somente o que dizemos e sentimos. Talvez seja também encontrada no modo que nos apresentamos ao mundo.

Deus,
Veste-me de dignidade e graça para
que eu possa levar os outros e a mim mesmo
para mais perto de ti. Amém.

62

Ki Tisa (ÊXODO 30:11—34:35)

Aceitando o nosso quebrantamento

> Quando Moisés aproximou-se do acampamento e viu o bezerro e as danças, irou-se e jogou as tábuas no chão, ao pé do monte, quebrando-as.
>
> (Êxodo 32:19)

O escritor e mestre dos professores, Parker Palmer, escreve muito acerca dos perigos do perfeccionismo. Em um discurso brilhante, eles nos fizeram lembrar que "A totalidade não significa perfeição: significa aceitar o quebrantamento como parte integrante da vida. Saber essa informação dá-me esperança de que a totalidade humana — minha, sua, nossa — não precisa ser um sonho utópico se podemos usar a devastação como um canteiro para uma nova vida".[1]

---

[1] Parker J. Palmer, *A Hidden Wholeness: A Journey Toward an Undivided Life* (New York: Jossey Bass, 2009).

Essa é uma daquelas frases que, quando dita em uma igreja ou sinagoga, levam as pessoas a dizer "Está certo", ou "Estou condenado". Ela também capta o significado dos atos centrais de quebrantamento da Torá.

Moisés desceu do topo do monte Sinai. Ele carrega consigo duas tábuas dos Dez Mandamentos. Durante sua ausência, os israelitas construíram e dançaram ao redor de um bezerro de ouro. Quando Moisés os vê, arremessa as tábuas no chão, quebrando-as para sempre.

O modo convencional de ver esse ato é que Moisés quebrou as tábuas por causa de sua ira e frustração, mas os místicos judeus veem esse ato de forma diferente. Eles sugerem que a quebra das tábuas de Moisés era o começo da cura, da reconciliação entre Deus e os israelitas.

O povo havia pecado. Eles tinham perdido a fé que veio pela totalidade e perfeição do conjunto original das tábuas. Agora, eles teriam de encontrar nos estilhaços. Aqueles fragmentos não eram para ser descartados e deixados no Monte. Eles se tornaram os pedaços quebrados nos quais os israelitas esculpiram uma fé renovada.

Quantos de nós encontramos a fé que vem do quebrantamento? Quantos de nós viemos de uma derrota ou de uma experiência traumática e reunimos os cacos que sobraram da nossa antiga fé em um todo mais bonito e duradouro?

É o que acontece quando Moisés quebra as tábuas. Ele quebra a ilusão de que a fé é fácil e que sempre teremos a força de sermos crentes perfeitos. Essa é uma verdade que nos conforta e nos guia.

Deus,
Tu me fizeste humano. Eu me esforço para crer.
Dá-me força para crer e aceitar-me com meu
quebrantamento. Amém.

63

O jogo da culpa

Todos tiraram os seus brincos de ouro e os levaram a Arão. Ele os recebeu e os fundiu, transformando tudo num ídolo que modelou com uma ferramenta própria, dando-lhe a forma de um bezerro. Então disseram: "Eis aí os seus deuses, ó Israel, que tiraram vocês do Egito".
(Êxodo 32:4)

As crianças têm o talento de surgirem com as desculpas mais impressionantes. Sempre que ouvimos que nossa filha mais velha foi pega conversando na aula, minha esposa e eu olhamos um para o outro e começamos a especular as desculpas que ela dará.

"Minha amiga precisava de ajuda para abrir o aplicativo certo no computador", ou "Eu estava com frio, e perguntei para minha amiga se ela também estava". E claro, a clássica: "Minha amiga começou a falar comigo primeiro".

Lógico, não são só as crianças que dão desculpas, todos nós damos. Vamos voltar para Adão e Eva quando Adão culpa Eva, Eva culpa a serpente, e ficamos com a especulação em saber quem a serpente culpou.

O irmão de Moisés, Arão, também participa do jogo da culpa. Moisés o deixou responsável quando ele foi falar com Deus no topo do monte Sinai. Quando Moisés volta e vê o povo dançando ao redor do bezerro de ouro, ele fica furioso com Arão e pergunta como ele pode permitir acontecer tal idolatria. Qual é a resposta Arão? "Não te enfureças, meu senhor. Tu bem sabes como esse povo é propenso para o mal" (Êxodo 32:22). Ou seja, não me culpe. Você sabe como esse povo pode ser insistente. Eles me obrigaram a fazer isso. Moisés age imediatamente, percebendo como melhor reagir ao incidente e fazer os israelitas mudarem novamente. Sua ação contrasta fortemente com a passividade de Arão.

Como você teria respondido se estivesse no lugar de Arão? É fácil para nós dizer: "Eu teria tomado a culpa e a responsabilidade. Eu teria pedido perdão e feito algo para consertar a situação". Talvez. Porém, é bem mais fácil ser um palpiteiro do que tomar a responsabilidade para si.

Talvez a lição mais plausível que podemos aprender da ladainha dos exemplos bíblicos de culpar os outros é que culpar é algo que acontece naturalmente a nós seres humanos. Geralmente, temos a tendência de evitar a responsabilidade quando as coisas estão desmoronando ao redor. A vitória tem mais de uma centena de pais; a derrota, por outro lado, é órfã.

Contudo, se conseguimos observar nossa tendência e nossa linguagem — se tentarmos mudar nosso impulso inicial de pensar "Não é minha culpa", para "O que posso fazer para consertar?", vamos ficar um pouco mais parecidos com Moisés.

Deus,
É fácil participar do jogo da culpa. Difícil é aceitar a responsabilidade. Ajuda-me a aproveitar a vida com o melhor que há dentro de mim. Amém.

64

Registre por escrito

> *Disse o* SENHOR *a Moisés: "Escreva essas palavras; porque é de acordo com elas que faço aliança com você e com Israel".*
> (Êxodo 34:27)

Nos anos 1930 e 1940, um musicólogo chamado Alan Lomax viajou pelo sul dos EUA. Ele buscava escrever as canções populares e baladas tocadas pelos músicos de blues e cantores de bluegrass nas zonas rurais. A maior parte dessa música tinha sido transmitida ao longo das gerações e nunca tinha sido escrita. Esse homem queria gravar a música para garantir que ela não fosse esquecida na história.[1]

Porque ele sentiu a necessidade de escrever aquelas músicas? Porque aquelas comunidades rurais estavam se desfazendo. As pessoas estavam deixando-as e se mudando para as cidades maiores. As crianças não estavam ficando na mesma cidade como seus pais. Se a música não fosse registrada por escrito, seria perdida na história.

---

[1] Biografia de Alan Lomax, www.culturalequity.org/alanlomax/ce_alanlo max_bio.php (acesso em 28 de outubro de 2016).

Os textos sagrados do judaísmo e cristianismo passaram pelo mesmo fenômeno. Eles eram, no início, transmitidos oralmente. A Torá, em especial, foi transmitida oralmente por centenas de anos. Ninguém sabe exatamente quando ela foi escrita pela primeira vez, mas muitos acadêmicos concordam que foi por volta de 586 a.c., quando os babilônicos conquistaram a Judeia. Muitos judeus foram para a Babilônia e os pais não tinham certeza se seus filhos voltariam. A Torá precisava ser registada por escrito para sobreviver.

O processo se repete ao longo da história. O Talmude, que era originalmente o comentário oral dos sábios judeus na Torá, começou oralmente e foi escrito durante o colapso do Império Romano. Outros relatos passaram da transmissão oral na sala de aula para os livros quando as comunidades eram perseguidas e forçadas a migrarem.

A própria Torá exorta-nos a manter uma interação entre a palavra escrita e a falada. É o que os sermões continuam a fazer. É o que o estudo bíblico continua a fazer. E é o que Deus pretendia.

Ao comentar o versículo da epígrafe, o grande sábio judeu Rashi escreveu: "Registramos a Torá escrita. Mas somos proibidos de escrever a Torá oral". A Torá oral consiste nos diálogos que continuamos a ter todos os dias uns com os outros e com Deus.

Deus,
Dou graças por revelares as verdades para nós por meio de palavras em páginas, das palavras da nossa boca e das palavras do nosso coração. Amém.

65

Vayakhel (ÊXODO 35:1—38:20)

Mentalidade de grupo

> *Moisés reuniu toda a comunidade de Israel e lhes disse: "Estas são as coisas que o SENHOR os mandou fazer".*
>
> (Êxodo 35:1)

O rei da água, uma comédia de 1998, apresenta um personagem anônimo interessante. Esse personagem — interpretado por Rob Schneider, apresentador do programa *Saturday Night Live* — aparece em todos os ralis de futebol. Ele imita perfeitamente o espírito da multidão. Quando alguém está torcendo pelo menino da água, interpretado por Adam Sandler, ele grita e berra vários "Viva!". Quando todos vaiam e estão chateados, ele grita e lança insultos. Seu comportamento é totalmente moldado pela emoção da multidão.

Esse personagem é uma demonstração extrema do que pode acontecer a cada um de nós. Somos levados pela multidão. As multidões exercem um enorme poder psicológico. Pessoas boas perdem seu autocontrole. A raiva pode ser desencadeada entre a calma, ou mesmo um grupo eloquente pode ficar em silêncio. Nossa mente racional pode ser sequestrada pela emoção poderosa do grupo. Os perigos dessa verdade são bem conhecidos. A Alemanha nazista usou a psicologia de multidão para transformar uma nação ocidental em uma máquina bárbara de ódio. Como grande parte da vida, no entanto, existe o bem ao lado do mal. A psicologia de grupo também pode ser canalizada para o bem. Moisés mostra como fazer isso. Ele conhecia o poder da emoção do grupo entre os antigos israelitas. A mesma palavra exata usada no versículo da Torá — *vayahkal*, "reunir" — é usada anteriormente na Bíblia para descrever os israelitas reunindo-se para construir e dançar ao redor do bezerro de ouro.

Agora, Moisés reúne o povo para um novo propósito: construir o Tabernáculo. Como o bezerro de ouro simbolizava para o povo a presença de um deus entre eles, o Tabernáculo vai servir como símbolo da presença de Deus no meio deles. Porém, diferentemente do bezerro de ouro, a reunião não configurava uma prática idólatra. Pelo contrário, ela simboliza o compromisso com a palavra de Deus. Ela reúne o povo para o bem.

Devíamos ter cuidado com os grupos aos quais nos unimos. Eles podem extrair nossos melhores instintos ou nossos piores desejos.

Deus Eterno,
Quando nos reunirmos pelo teu propósito, permita
que a tua justiça prevaleça. Amém.

66

Perguntas vãs

Os querubins tinham as asas estendidas para cima, cobrindo com elas a tampa. Estavam de frente um para o outro com o rosto voltado para a tampa.

(Êxodo 37:9)

O meu mentor, o rabino Arnold Jacob Wolf, gostava de contar uma história. Ele tinha levado seus dois filhos, de nove e onze anos, para Israel. Ele marcou hora para se encontrar com o renomado filósofo Martin Buber, com quem o rabino Wolf tinha estudado. Ele estava ansioso para que seus filhos o conhecessem.

Quando chegaram à casa de Buber, Arnold apresentou-lhe. Ele, então, perguntou para as crianças se elas tinham uma pergunta para o grande teólogo. Elas podiam ter perguntado sobre o sentido da vida ou a realidade de Deus. Em vez disso, os meninos perguntaram como o sistema telefônico funcionava em Israel. Buber, então, passou quase uma hora explicando todos os detalhes para eles.

Buber acreditava que Deus habitava nos relacionamentos, no modo como falamos e buscamos entender uns aos outros. Ele podia ter dado uma bronca nas crianças pela pergunta simples, mas ele vivia o que escrevia. Ele vivia com as pessoas onde elas estivessem.

Seu livro mais influente, *Eu e Tu*, discutia que Deus é a terceira parte em tal relação. Sempre que dois seres humanos se relacionam de forma autêntica, Deus habita entre eles.

Buber estava usando uma ideia implícita na Torá. As criaturas celestes citadas no versículo da epígrafe eram anjos esculpidos que ficavam em cada ponta da arca da aliança. Transbordam lendas a respeito da aparência e do propósito dos anjos. Contudo, o que vemos aqui é uma descrição simples da postura deles um para com o outro. Eles estavam um de frente para o outro. Eles não olhavam para os céus, nem olhavam para o horizonte. Eles olhavam um para o outro.

A fé não surte efeito se ela apenas nos leva a olhar para cima. Ela também deve nos guiar para olharmos uns para os outros, construir relacionamentos profundos, significativos e de responsabilidade.

Pai celestial,
Ajuda-me a passar a minha vida alcançando e amando os outros como gostarías que eu os amasse.
Amém.

67

Uma palavra

Em seis dias qualquer trabalho poderá ser feito, mas o sétimo dia lhes será santo, um sábado de descanso consagrado ao SENHOR.
(Êxodo 35:2)

Às vezes, uma palavra ou uma frase pode mudar o mundo. Pense no discurso de Martin Luther King Jr., "Eu tenho um sonho", ou nas palavras de Moisés para o faraó, "Deixe meu povo ir". Movimentos inteiros e jornadas surgiram dessas palavras.

Vemos um exemplo menos dramático, porém igualmente significante dessa verdade, no nosso versículo da Torá. A palavra fundamental aqui é *melakah*. Seu significado literal é "trabalho." Ela responde uma questão básica que os antigos sábios judeus apresentaram. Sabemos, disseram eles, que o trabalho é proibido no Sabbath. Mas o que representa o trabalho? Como sabemos o que é ou não o trabalho?

Pense nisso. Para algumas pessoas, escrever é um trabalho terrível. Entretanto, para outros, é uma grande alegria. Para alguns, a jardinagem é um trabalho árduo. Para outros, é um passatempo alegre. Como sabemos o significado de trabalho?

A resposta está, de novo, na palavra *melakah*. O que é revelador é o modo como ela é usada na Torá. A Torá relata que o trabalho na construção do Tabernáculo era proibido no Sabbath. A palavra hebraica que é usada para esse tipo de trabalho é *melakah*. Essa proibição nos dá uma definição prática de *melakah*. Ela se refere a qualquer tipo de trabalho necessário para a construção do Tabernáculo. Tudo isso inclui martelar, serrar, fazer metal, carregar, acender fogo e assim por diante.

Com essa definição em mente, os sábios judeus deram um passo adiante. Eles classificaram cada uma dessas ações em categorias gerais e disseram quais tipos de trabalho em cada categoria eram proibidos. Eles surgiram com 39 categorias e centenas de ações se enquadram nelas.

Dessa forma, uma palavra — *melakah* — é a base única para todas as práticas tradicionais do Sabbath. Ela moldou o modo como os judeus, e depois os cristãos, entenderam o Sabbath como um dia em que as lojas estão fechadas e poucas atividades eram feitas.

Apreciar o poder de uma palavra pode mudar o nosso comportamento. Talvez você tenha uma palavra na sua família que molde seus pensamentos e comportamento.

Na minha família, eu falo a palavra *gratidão* durante uma refeição ou quando estamos tendo um diálogo e minhas filhas sabem mudar o comportamento delas. Meu avô costumava usar a palavra *diplomacia* com a equipe do consultório para fazê-los lembrar como se identificar com os pacientes. As palavras moldam nossos pensamentos, nossos atos e nossa vida.

Deus,
Ajuda-me a usar minhas palavras para
honra e louvor, e jamais para envergonhar
ou insultar. Amém.

68

Pekudeí (Êxodo 38:21—40:38)

Comemore os bons tempos

Moisés inspecionou a obra e viu que tinham feito tudo como o SENHOR tinha ordenado. Então Moisés os abençoou.
(Êxodo 39:43)

Cada culto judaico tem um momento para as orações de cura. As pessoas mencionam os nomes dos entes queridos e amigos que estão doentes. Em minha sinagoga também introduzimos um momento de orações para comemorar. As pessoas se levantam, se assim desejarem, e citam algo bom que aconteceu com elas ou com alguém que elas amam durante a semana passada. Confesso que é minha parte favorita do culto. A fé nos traz conforto, mas ela também pode nos ajudar a elevar e santificar os momentos de alegria.

Às vezes, na correria da vida, esquecemos de comemorar. Algo bom acontece conosco e pensamos: ou (a) as coisas estão boas, então é possível que algo ruim vai acontecer logo; ou (b) está tudo bem. E depois?

Isso não é normal. Comemorar nos ajuda a seguir em frente e construir uma comunidade. Quando os israelitas terminaram de construir o Tabernáculo, eles pararam para comemorar. Moisés ergueu as mãos e abençoou o povo. A Torá não relata isso, mas eu apostaria que o povo teve uma grande festa para comemorar a construção da casa de Deus na terra.

A comemoração não só marca os momentos sagrados, ela também nos dá energia e direção para melhorias. O rabino Jonathan Sacks conta uma história extraordinária da escola que ele visitou durante sua gestão como rabino-chefe da Grã-Bretanha. A população escolar tinha caído de mil para quinhentos, e somente 8% dos alunos alcançaram notas boas. O moral na escola — entre alunos, pais e professores — era péssimo.

A diretora pediu conselhos para o rabino Sacks. "Quero que viva uma palavra", respondeu ele. "Comemorar."

Ela suspirou e respondeu: "Você não entende — não temos nada para comemorar. Tudo na escola está dando errado".

"Nesse caso", respondeu o rabino, "encontre algo para comemorar. Se um único aluno se saiu bem melhor nesta semana do que na semana passada, comemore. Se alguém fizer aniversário, comemore. Se é terça-feira, comemore". Ela não parecia estar convencida, mas prometeu tentar colocar em prática a ideia.

Oito anos depois, a diretora escreveu uma carta para o rabino Sacks descrevendo o que aconteceu. "Os resultados dos exames de notas altas aumentaram de 8 para 65%. A população estudantil aumentou de quinhentos para mil." E, como observa o rabino Sacks: "Ela tinha acabado de ser nomeada Dama do Império Britânico por sua contribuição à educação".[1]

---

[1] Jonathan Sacks, "Pekudei (5774) — Celebrate," Rabbi Sacks online, www.rabbisacks.org/pekudei-5774-celebrate/ (acesso em 28 de outubro de 2016).

Tudo isso aconteceu só porque eles começaram a comemorar? Dificilmente. Mas os atos de comemoração mudaram a perspectiva. Eles liberaram uma nova atitude que se espalhou pela escola. O moral é importante. Você pode escolher reclamar por um tropeço ou agradecer por não ter caído.

Deus,
Ajuda-me a comemorar os bons tempos
com gratidão e alegria. Amém.

69

Trabalho santo

*Os israelitas fizeram todo o trabalho conforme
o SENHOR tinha ordenado a Moisés.*
(Êxodo 39:42)

Durante meu primeiro ano como rabino, tive a chance de conhecer um homem muito talentoso. Ele tinha sido juiz da Suprema Corte Estadual, um advogado altamente conceituado, filantropo, avô e bisavô. Ele ficou doente, e passei muitas horas com ele no hospital e depois, no centro de reabilitação.

Um dia, estávamos conversando e ele me disse: "Rabino, vou morrer em breve. Qual é o sentido disso tudo?". Respondi: "Bem, você fez muita coisa na sua vida. Você está deixando um legado e tanto para a sua família". Disse ele: "Pare. Sim, eu fiz muito. Mas seja sincero... em cinco ou seis gerações, ninguém saberá o meu nome. Nada do que fiz vai realmente ter importância. Para que tudo isso?".

A escola rabínica não tinha me preparado para tal pergunta. E, francamente, não me lembro o que respondi. Mas eu me lembro bem do modo como a pergunta me levou a ir mais fundo na teologia e nas crenças que eu professava. Levou-me a confrontar o significado da eternidade, o significado do legado da vida que vivemos. Isso me levou a olhar novamente para aquelas palavras imortais do Eclesiastes: "Que grande inutilidade! Nada faz sentido!" (1:2).

E não é verdade? Não de acordo com o modo como os sábios judeus leem o versículo da Torá. O versículo relata que "todo o trabalho" do Tabernáculo foi completo. Ele poderia simplesmente ter dito que "o trabalho" do Tabernáculo foi completo, mas a expressão "todo trabalho" exprime a importância eterna do trabalho dos israelitas.

O trabalho dos antigos israelitas não só transforma o mundo deles. Ele é extraído do passado, construído no presente e moldado no futuro.

O mesmo acontece com o nosso trabalho. Ele nos conecta com o trabalho daqueles que vieram antes de nós e que virão depois de nós. Tantas vezes pensamos no Sabbath [dia de descanso] só como uma parte santa da semana. Mas Deus também diz: "Trabalharás seis dias" (Êxodo 20:9). Esse trabalho também é ordenado por Deus. Podemos fazer toda a nossa vida santa. E quando trabalhamos com propósito, deixamos um legado não só naquilo que alcançamos, mas no modo como que vivemos.

Deus,
Que meu trabalho te bendiga assim como tu
abençoas meu trabalho. Amém.

70

Dê-me os detalhes

> Esta é a relação do material usado para o tabernáculo, o tabernáculo da aliança, registrada por ordem de Moisés pelos levitas, sob a direção de Itamar, filho de Arão, o sacerdote. O peso total do ouro recebido na oferta movida e utilizado para a obra do santuário foi de uma tonelada, com base no peso padrão do santuário.
> (Êxodo 38:21,24)

Se você recebeu solicitações para fazer caridade, deve ter notado uma classificação de uma a cinco estrelas atribuída à organização de caridade. Esse ranking avalia a forma como a caridade gasta o dinheiro. A maioria dos fundos levantada vai para as pessoas ou para grupos carentes? Ou será que boa parte vai para os custos administrativos?

Precisamos desses rankings porque queremos colaborar com as organizações que são dedicadas às causas com as quais nos importamos, mas também queremos ter certeza de que nossas ofertas não são desperdiçadas. Queremos ter certeza de que até mesmo os grupos mais sagrados são responsáveis por serem bons mordomos.

Moisés e os antigos israelitas não foram exceção. Até mesmo Moisés — o servo do Senhor que falava com Deus face a face — tem que dar um relato preciso das ofertas e materiais usados para construir o Tabernáculo. Ele é completo e detalhado em seu relatório.

Até agora, o exemplo de Moisés ensina mais do que simplesmente um relatório honesto. Ele também expressa que a vida espiritual não é viver nas nuvens. Não é um sentido vago de algum poder espiritual. *A justiça exige atenção aos detalhes*. Uma vida santa é uma vida de atenção cuidadosa. É uma vida onde examinamos nossas ações de forma minuciosa e detalhada.

Poucos anos atrás, quando eu estava relendo o clássico de Henry David Thoreau, *Walden*, encontrei um parágrafo ecoando esse versículo da Torá. Ao descrever o material utilizado para construir sua casa na floresta, Thoreau diz que ele gastou oito dólares e três centavos e meio" em tábuas de madeira para parede. Depois, ele cita a quantia exata que ele gastou em cal, pregos, tijolos, e assim por diante.[1]

Thoreau não está agindo assim apenas para nos aborrecer. Ele está nos enviando uma mensagem. Uma vida fiel não desperdiça nossas ofertas. Ela as leva em consideração. Ela se importa com as ofertas. Ela é responsável por elas.

Hoje essa abordagem pode parecer contracultural. Nossa cultura diz que ganhamos o que temos e cabe a nós fazer o que quisermos com o dinheiro. Por fim, entretanto, o que temos não pertence somente a nós. Pertence a Deus. Somos apenas mordomos, e um bom mordomo presta atenção. Um bom

---

[1] Henry David Thoreau, Walden (Hollywood, FL: Simon e Brown, 2011), p. 34.

mordomo é diligente. Um bom mordomo se importa com a criação de Deus.

Deus Eterno,
Ajuda-me a ser um bom mordomo das ofertas que tu separas para mim e para toda tua criação. Amém.

Sua opinião é importante para nós.
Por gentileza, envie-nos seus comentários pelo e-mail:

editorial@hagnos.com.br

Visite nosso site:

www.hagnos.com.br